수필과 산책

수필과 산책

정목일 지음

책을 내며

수필과 속삭이는 시간

'수필'과 인연을 맺은 일이 엊그제 같은데, 세월은 흘러 노년기를 맞게 되었다.

1975년 〈월간문학〉과 1976년 〈현대문학〉지를 통해 수필부문 최초의 등단 수필가로 '수필'과 함께 지낸 지 45년째가 되었다.

등단 당시에 30세였고 '수필'이 큰 선물을 안겨주는 듯 느껴지기도 했다. 세월이 갈수록 만만찮은 게 '수필'임을 알고, 시나 소설 쪽으로 눈길을 돌릴까도 생각해보았다. 그러나 어느새 '수필'에 빠져 있어서, 마음을 옮기기 어려웠다.

세월이 갈수록 한눈팔지 않고 수필의 길을 걸어가야 함을 느꼈다. 문학의 길에서 시발부터가 정해진 듯 느껴졌다. 시와 소설을 쓰던 문우들이 다른 길을 찾길 원했지만, 처음 나를 맞아준 '수필'을 마다할 수 없었다.

당시에 시나 소설에 비해 알아주지도 않았던 수필의 길을 간다는 것이 걱정스러운 일이긴 했다. 한국의 대표적인 문학잡지 두 곳에서 수필부문 첫 당선자가 다른 장르를 택한다는 것은 용납할 수 없는 일이었다. '수필'과 인연이 맺어진 것이기에, 알아주지 않는다고 해도, '수필의 길'을 가리라는 마음을 굳혔다.

수필 부문의 첫 당선자이기에 수필가들의 격려와 호응을 받기도 했다. 등단 초년생이었음에도 당시에 편찬된 '한국대표명수필선'에 작품이 수록되는 등 활발한 활동을 전개할 수 있었다. 수필가로 나선 초년기에도 작품 청탁이 이어졌고, 저명한 수필가와의 만남도 이뤄져 신명이 나는 듯했다.

내 삶에 잊을 수 없는 장면은 피천득 선생과의 만남이었다. 월간 〈현대문학〉지의 수필부문 출신자들의 모임에 피천득 선생께서 오셔서 "정목일을 만나기 위해 이곳에 왔다."라고 말씀하셔서 얼마나 가슴이 떨렸는지 모른다. 며칠 후에 선생 댁을 방문하고 3배拜의 예禮로써 스승으로 모셨다.

어느새 세월은 흐르고, 등단 45년이 되었다. '그동안 어떤 작품세계를 펼쳤는가?' 묻는다면 부끄러움에 할 수 있는 말이 없다. 수필 쓰기는 쉬운 듯하지만, 가장 어려운 문학이 아닐까 한다. 인생에서 향기가 풍겨야 수필에서도 향기가 나는 법이다. 인생의 경지가 미치지 못함을 알고 있기에, 수필의 경지를 들먹일 수도 없다.

수필을 쓰면서 다행스러운 일은 '나의 삶과 인생'을 '수필'이란 그릇에 담아둘 수 있다는 점이다. 모든 것들이 시간의 침식에 못 이겨 점점 사라져갈 것이지만, '수필'만은 '나의 삶과 인생'을 거짓 없이 남겨 놓을 수 있다. 수필은 '나의 삶과 인생'의 거울이며 사라지지 않는 영원장치가 아닐 수 없다. '수필'이란 장르를 택하고 지내온 세월이 마치 수필과 산책을 한 것 같아 다행이다.

이번에 『수필과 산책』을 내게 된 것은 수필전문 출판사 '나무향'의 대표 정하정 수필가의 특별한 배려 덕택이다. 평범한 삶을 살아온 한 수필가의 인생과 삶을 담은 『수필과 산책』을 펴내게 된 것을 다행스럽게 생각하며, 마음에 쌓인 고마움을 전한다.

2020년 초여름
鄭木日

| 차례 |

책을 내며 · 4

1부   수필의 자화상

수필의 눈 · 14

수필의 효용성 · 20

수필의 문장 · 27

좋은 수필과의 만남 · 34

수필의 치열성과 여유 · 39

글쓰기의 즉시성과 완벽성 · 44

수필 분량과 감동 · 49

수필의 문학적 영역 · 54

수필의 자화상 · 58

수필 쓰기의 의미 · 63

수필을 쓰며 얻는 깨달음 · 67

2부 마음을 끄는 문장

수필 속 '나'의 두 모습 · 74

명상 수필에 대해 · 78

칼럼의 효용성 · 82

마음의 산책 · 87

완벽과 파격 · 92

마음을 끄는 문장 · 98

마음에 주는 글 · 103

마음의 붓 · 107

시간 혁명 속에서 · 111

수필과 진경산수 · 116

그림을 수필로 쓰다 · 120

3부　한마디

나팔꽃 일생 · 128

풀 밭 · 131

한마디 · 134

대밭을 바라보며 차 한잔 · 136

닭이 있는 풍경 · 140

아침의 의미 · 144

아름다운 배려 · 146

막고굴에서의 깨달음 · 151

첨성대 · 155

진주 남강 모래밭 · 158

아름다운 풍경 · 161

붓 · 164

미세먼지 · 167

진주 전통찻집 · 171

겨울나무 · 174

4부 수필의 모습

피천득의 수필 세계 · 180

미래 수필의 모습과 방향 · 209

1부

수필의 자화상

수필의 눈

 평생 한 가지 일에 몰두하면 언젠가 문리文理가 트이지 않을까 싶다.
 한 늙은 석공石工의 얘기로는 바위를 정으로 두드려보면 소리가 다르다고 한다. 만 년 침묵을 지닌 바위들도 깨달음의 깊이가 달라 영혼에서 나는 소리가 각각이라는 것이다. 평생을 나무만을 다뤄온 소목장小木匠은 나무의 겉모습을 보고서 속에 품고 있는 나이테의 무늬, 목리문木理紋을 짐작한다.
 석공이나 목공이 한 점의 명품을 남겨놓기까진 일생을 통해 터득한 솜씨와 집중력을 기울였을 것이지만, 먼저 좋은 돌과 나무를 만나야 한다. 어떤 소재를 만나고, 좋은 생각이 떠오르게 되는 것은 자신만의 힘으로 이뤄지지 않는다. 한 가지 일에 정성을 다한 끝에 마음이 열려 영감이 우러난 게 아닐까.

좋은 인생이어야 좋은 수필이 나올 수 있다. 인격에서 향기가 풍겨야 수필의 꽃이 피어날 수 있다. 좋은 수필은 마음이 피우는 깨달음의 꽃이다.

물질이 풍요할수록 정신은 황폐하고, 지식이 넘치나 인격은 저속하다. 재주는 비상하지만 덕이 부족하며, 문장은 유려하지만 마음의 여유가 없다.

마음속에 거울을 하나 간직하고 있어서, 맑고 깨끗하게 닦을 줄 알았으면 좋겠다. 마음속에 샘을 하나 파 두어서 마음에 묻은 이기의 때와 욕망의 먼지를 스스로 씻어낼 줄 알았으면 한다. 마음속에 종을 하나 달아 두어서, 양심의 종을 댕그랑 댕그랑 스스로 울릴 수 있길 바란다. 마음이 투명해야 자신의 영혼을 비춰보고, 사물의 영혼과도 교감할 수 있을 것이다.

재주와 솜씨가 모자라서 하늘의 도움이 있길 원한다. 인생 경지가 보잘 배 없기에, 하늘이 살펴 저를 도구로 삼아 좋은 글을 쓰게 해달라고 기구해 본다. 어림없는 생각이 아닐까. 하늘도 사람들을 감동시킬 만한 맑은 영혼을 가진 사람인가를, 언제나 깨끗한 마음을 지닌 사람인가를 판정해서 영감을 주시리라 생각한다.

수필의 소재는 대개 자질구레하고 사소한 것들이다. 신변잡사에서 시작되고 개인적인 체험일지라도 독자들과 함께 나누는 데 수필의 묘미가 있다. 인생에서 얻은 발견과 깨달음을 공유하려면 사소하고 평범한 것을 특별하고 비범한 것으로 바꿔 놓아야 한다. 체험하고 느낀 것을 그대로 쓰면 신변잡기로 자기만족의 글이 되고 말 것이다. 인생에 결부시켜 의미를 부여해야 수필이랄 수 있으며, 독자 만족의 글이 될 수 있다.

작자만이 찾아낸 남다른 눈이 필요하다. 자신만이 찾아낸 비범의 눈이 있어야 맛과 광채가 난다. 드러난 것을 그대로 보지 않고, 보이지 않는 것을 찾아낼 줄 알아야 한다.

'보이는 것은 보이지 않는 것에 닿아 있고, 들리는 것은 들리지 않는 것에 닿아 있다. 생각나는 것은 생각나지 않은 것에 닿아 있다.' 19세기 독일의 시인 노발리스의 말을 음미해 본다.

경주에 가면 신라문화의 대표적인 상징으로 불국사와 석굴암을 들지만, 당시의 대표적인 사찰은 황룡사였다. 황룡사는 몽골의 군사에 의해 불타 주춧돌만 남았다. 폐허화

된 사찰 터만 남아 있고 당시의 모습은 자취 없이 사라지고 말았다. 주춧돌 위에 건축물을 상상으로 재현해 보고, 황룡사 건축미의 특질이 무엇이며 핵심이 무엇인가를 찾아내야 한다.

신라 시대 종鐘을 보고 신라인들의 염원이 무엇이었으며, 마음의 추구와 의탁처를 찾아내고, 종소리의 특질과 여운의 미에 의미를 부여해야 하리라.

아름다운 것, 깊고 오묘한 것은 눈에 잘 띄지 않는다. 내면內面에 있고, 모습을 감추고 있다. 잘 드러나지 않고, 보이지 않는 것이기에 신비가 깃든다. 바깥만을 보는 데 머물지 말고, 보이지 않는 것을 찾을 줄 아는 마음의 눈을 갖길 원한다.

음식을 보고 맛을 알고, 소리를 듣고서 표정을 보아야 한다. 단순하고 평범한 것들의 깊이와 멋을 찾아야 한다. 죽음에서 삶을 보고, 찰나에서 영원을 보아야 하리라.

보이는 것에 닿아 있는 '보이지 않는 것', 들리는 것에 닿아 있는 '들리지 않는 것'을 보고 들을 줄 아는 마음의 눈과 귀는 인생 경지에서 얻어진다. 마음이 우러나오고 영혼 교감이 이뤄질 때까지 백 번 이백 번 보아야 내면을 들여다

볼 수 있지 않을까.

　지식만으론 깨달음의 눈을 뜰 수 없다. 지식은 경험이 없는 앎이다. 직접 경험에서 얻은 앎인 지혜를 통해야 한다. 지혜에는 시간과 마음의 연마가 필요하다.

　글의 소재로 삼으려면 무생물이라 할지라도 생명과 사랑을 불어넣어야 한다. 대상을 열렬히 사랑해야 교감할 수 있다.

　나만의 발견일지라도 다 드러내선 안 된다. 자신이 다 설명하고 묘사하려 들지 말고 독자들이 생각할 틈을 주어야 여운이 생긴다. 여백이란 그냥 비어둔 게 아니다. 함께 생각할 수 있는 공간을 마련한 것이며 마음의 여유가 아닐 수 없다.

　퇴고가 많을수록 흠잡을 데가 없어진다. 글의 마무리, 퇴고의 솜씨야말로 완숙의 경지를 말하는 것이다. 좋은 글을 쓰는 사람은 퇴고의 달인이다. 퇴고를 적게 한 글일수록 후회가 남는다. 감정과 흥분을 가라앉히고 냉정하게 작품을 바라보아야 한다. 오래된 술이 맛과 향이 좋듯이 글도 오래 묵혀야 좋은 작품이 된다는 것을 느낀다. 오랜 세월 동안 숙성시켜 발효돼야 먹음직한 젓갈이 되듯이 글도 오래 묵혀야 좋은 작품이 되는 게 아닐까.

　수필 쓰기가 쉽지 않은 것은 자신의 글에 책임을 져야 하기 때문일 것이다. 쓴 글과 삶의 모습과 인격이 일치하지 않으면 그 글은 향기를 잃고 만다.

　좋은 글을 만나면 작가에게 경배하고 싶어진다. 좋은 수필을 쓴 이는 인생도 향기로울 것이니 절로 고개가 숙여진다.

　수필은 인생에 대한 깨달음의 글이다. 내면에 대한 응시이며, 알고 있음에 대한 표현보다 모르고 있는 것에 대한 발견이다.

수필의 효용성

행복은 물질보다도 마음에 있다. '부자 되는 법'과 함께 '마음을 다스리는 법'에 대한 책들이 쏟아져 나오는 것도 어느 한쪽만으로 치우칠 수는 없기 때문일 것이다.

'마음공부'에 여러 가지 방법이 있지만 '수필 공부'도 좋은 방법이 아닌가 한다. 수필을 '독백獨白의 문학'이라고 한다. 독백은 자신의 마음을 모두 비워버린 경지를 말한다. 마음을 비우면 맑고 편안해진다.

마음속에 거울을 하나 달아두어서 자신의 영혼을 비춰 보아야 한다. 그러기 위해서는 마음의 거울을 잘 닦아두어야 한다. 이기利己라는 먼지, 집착이라는 때, 욕심이라는 얼룩을 잘 닦아내야 한다.

마음속에 샘을 하나 파두어서 샘물로 마음을 씻어내야 한다. 조금만 방심하면 티끌과 먼지가 쌓이게 된다. 불경佛

經에서 말한 '욕심' '성냄' '어리석음'의 삼독三毒을 없애야 한다. 수도자가 아닌 이상 이를 제거하기란 쉬운 일이 아니다. 어떻게 하면 이런 독소를 씻어내 마음을 깨끗이 할까.

욕심이 많으면 마음이 무거워진다. 마음을 비워야만 대자유를 얻을 수 있고, 어떤 구속에도 얽매이지 않는다. 마음에서 매화 향기가 풍겨야 얼굴에 맑은 미소가 퍼지고 고요해진다.

마음속에 종을 하나 달아두어서 양심의 종을 스스로 울릴 줄 알아야 한다. 마음이 비어 있지 않고선 종은 어떻게 깨달음의 소리를 듣고 울릴 수 있을 것인가.

수필은 마음을 꽃피우려는 문학이다. 누군들 일생을 통한 깨달음의 꽃을 피워놓고 싶지 않은 사람이 있으랴. 시, 소설처럼 픽션 문학이 아니고 자신의 삶과 인생을 담아낸 논픽션 문학이니만큼 작품 경지가 곧 인생 경지가 된다. 인격에서 향기가 나야만 문장에서 향기가 풍기지 않으랴.

수필은 심오한 지성과 냉철한 비판 정신을 지닌 산문을 추구한다. 단순한 지식과 비판 정신을 말하는 게 아니고, 인생 체험을 바탕으로 한다. 바깥으로부터 들어온 앎인 지식이 아니라, 내부에서 체험을 통한 깨달음의 꽃으로 피운 것, 곧 지혜를 보여주는 것이 수필이다. 논리와 이성으로 비판하되 인본주의에 의한 따스함을 잃지 않는 것이 수필의 모습이다.

수필을 읽는다는 것은 '인생과 마음을 읽는다'는 말이 된다. 한 사람의 수필집을 본다는 것이야말로 픽션 식의 작품집을 보는 것과는 달리 한 사람의 인생을 보는 것이고 만나는 일이다. 수필에 있어선 어떻게 쓸 것인가 하는 방법론보다도 어떻게 살 것인가 하는 인생론이 먼저 고려돼야 한다. 수필을 잘 쓰려면 먼저 좋은 삶과 인생이 되도록 해야 한다.

나는 읽으면 마음이 맑아지고 영혼이 맑아지는 수필을 좋아하며, 인생의 의미와 깨달음을 주는 수필을 원한다. 문장에서 인격의 향기가 나며, 따뜻한 인간미가 우러나오는 글을 좋아한다. 해학과 정곡을 찌르는 비판으로 삶을 일깨워주는 글을 좋아한다. 시대정신과 오늘의 삶과 의식이 깃든 수필을 찾아보길 원한다.

수필은 자신의 체험과 인생을 비춰 보이는 문학이다. 교수나 학자가 노동자나 서민의 삶과 인생이 될 순 없다. 수필가마다 자신의 삶에서 피운 경지의 꽃을 피워놓을 수 있을 뿐이다. 이것이 수필의 개성과 장점이 되는 동시에 한계와 단점이 되는 것은 어쩔 수 없는 노릇이다.

어떤 독자들은 서정 수필가에 대해 땀과 고뇌의 현실문제와 사회의식의 부족을 지적하고, 서사 수필가에게 감성 부족과 이미지의 결여를 지적하기도 한다. 기행 수필가에게 왜 '여행만을 테마로 하는가'라는 질문은 쓸데없는 일이다. 꽃을 평생의 테마로 삼는 수필가에게 다양성과 소재 빈곤을 이야기하는 것은 어리석은 일이다. 만약 중수필과 경수필, 서정 수필과 논리 수필로 구분할 수 있다면, 어느 쪽이 좋고 나쁘다는 식의 논란은 무의미한 것이다. 이는 효용성의 문제이며, 독자들은 자신이 좋아하는 수필을 선택하면 되는 것이다.

수필을 쓰는 목적은 수필가에 따라 다를 것이나 원대한 포부를 성취하기 위한 것이거나 구원과 같은 거창한 의식의 발로와는 거리가 멀다. 평범 속에서 진실과 감동을 얻고 깨달음의 꽃을 피워보자는 데 있다. 마음의 평온과 미소를 얻어보자는 데 있다.

나는 수필을 쓸 때 누가 기다리고 읽어줄 사람을 의식하지 않는다. 솔직하게 말하면 심심풀이로 쓰는 경우가 많다. 너무 적막하고 시간이 흐르는 것이 아까워 '글을 써볼까' 마음을 낸다. 재미있는 일이 있기만 하면, 글을 쓰려는 생각이 좀체 일지 않을 것이다. 이왕 쓸 바엔 그래도 부끄럽지 않게 써보려고 생각한다. 혹시 독자 한 명이라도 내 글을 읽고 잠깐이라도 생각해 주는 고마운 이가 있다면 하고 자위하면서 쓴다.

지상의 모든 것들은 시간의 침식에 못 이겨 퇴색되고 낡아져서 망각의 뒤안길로 사라진다. 그 어떤 가치와 의미도 시간이 지남에 따라 점점 퇴색되어 잊히게 마련이다. 나도 시간의 물결에 흔적 없이 떠밀려 사라지는 것이 아쉬워 발버둥을 치는 행위가 수필이란 모습으로 나타나고 있다.

수필을 써오면서 아무도 알아주지 않는 글을 쓰고 있다는 자괴심이 일어 마음을 위축시키지만 자신의 삶과 인생을 기억하게 하는 가장 효율적인 방법이라는 걸 차차 알게 되었다. 한시적인 삶을 살 뿐인 인간이 영원을 수용하는 장치로써 가장 슬기로운 것이 있다면 수필 쓰기라고 말하고 싶다.

수필 쓰기는 완성이 없을 것이다. 완벽한 인간이란 없는 것이기에 완전이나 완성에 이르는 수필이 없다고 본다. 수필은 끊임없는 습작일 수밖에 없지 않겠는가. 치기와 평범을 넘어 차츰 달관과 깨달음으로, 평범의 경지에서 비범의 경지로 나아갈 수 있을 뿐이다.

어떤 사람이든 한 가지 일에 평생을 바치면 경지에 이를 수도 있을 것이다. 수필 쓰기는 마음의 경지와 인생 경지를 얻는 공부이며 과정이 아닐까 한다. 그런데도 지적 과시, 성공담의 피력, 인생론의 설파, 개인사의 기록, 선전의 도구, 진실의 호도, 정신적인 사치에 목적을 둔 듯한 수필 쓰기도 보인다. 이런 개인적인 이기와 영달에 목적을 둔 수필 쓰기는 생명이 오래 가지 못한다. 자신의 체험과 인생을 바탕으로 쓴 글이지만, 자신을 위한 글이 아니라 독자들의 삶에 의미와 가치를 주는 글이어야 한다.

수필을 쓰기 전에 왜 이 글을 써야 하는가를 자문자답해 보아야 한다. 독백을 통해 마음을 비우고 진실 앞에 서야 한다. 자신을 위한 글인지 독자들에게 도움을 주는 글인지를 먼저 생각해 보아야 한다. 독자들에게 효용성 없는 글은 읽을 가치가 없는 글이 아니겠는가.

누구나 자신의 글이 독자들에게 오랫동안 잊히지 않는 의미와 가치가 되길 원한다. 한 번으로 끝나는 글이 아닌,

읽고 또 읽고 싶은 그 무엇을 담고 싶어 하는 것이다. 그 무엇이 수필의 효용성이 된다. 효용성이란 쉽게 얻어지는 것이 아니며 문학 이론으로 쉽게 설명되는 것도 아니다. 작자와 독자가 영혼 교감과 감동을 통해 이뤄지는 것이다.

오늘날의 수필 대중화는 수필의 효용성으로 확대되었다. 시와 소설의 중간 거리에서 시의 장점과 소설의 장점을 취하면서 가장 알기 쉽고 진솔하게 독자들의 마음을 사로잡을 수 있기 때문이다. 적당한 분량과 누구나 체험할 수 있는 신변잡사에서 얻어낸 삶의 발견과 의미의 확대는 대중의 공감을 얻을 수 있기 때문이다.

수필의 생명과 효용성은 허위가 아닌 진실에서 온다. 허구의 도입을 통해 영역 확장을 꾀해보자는 것과 '상상'이 없으면 문학이 아니라는 논리를 내세워 주제에 벗어나지 않는 허구의 수용이 필요하다는 주장도 있다. 수필에서도 허구 아닌 상상을 얼마든지 펼칠 수 있다. 수필이 허구와 체험의 조합품이라면 소설과 무엇이 다르며 수필을 읽는 효용성이 무엇인가. 수필의 생명과 효용성은 체험과 진실을 통해 맛보는 삶과 인생일 것이다.

수필의 문장

 수필은 짧은 산문이기에 문장이 차지하는 비중이 크다.
 서두는 독자와의 눈 맞춤이다. 끝까지 읽을 것인지 그만둘 것인지 알게 한다. 첫인상이 좋아야 가슴이 두근거리고 만나고 싶다. 설렘과 기대감을 주어야 끌림이 있다.
 티끌 하나 묻지 않은 가을 하늘 같은 문장, 사금파리처럼 빛나는 문장, 포근하고 꽃향기 같은 문장, 새롭고 기발한 착상, 겪어보지 못한 체험의 깊이, 평범한 삶에서 피워낸 깨달음의 꽃, 따뜻하고 진솔한 인간애에서 우러난 문장을 읽길 원한다.
 신예 시인과 소설가들의 등단 작품은 참신하고 실험적이다. 지금까지의 형식과 틀을 부숴버리고 새로운 방법의 모색을 위한 몸부림이 있다. 좀 서툴더라도 정신의 번쩍거림이 있고 잠재력이 있다. 젊은 패기가 느껴지고 파도 같은 기세와 용기가 있다. 자신만의 세계를 보여주려는 강렬함이 있다.

수필의 등단자는 대개 40대 이후이다. 안정감이 있기는 하지만 느슨하고 안일에 빠져 있다. 소재도 회고담 위주의 진부한 것이 많고, 문장 흐름이 자연스럽지 못하다. 오랜 습작을 통하여 자신의 문장을 구축해야 하는데도 미숙함이 드러난 채로 문단에 나오고 있다. 40대 이후에 등단하여 인생의 회고와 개인사個人史의 기록에 가까운 글이나 생활 체험을 토대로 감상과 느낌을 밝히는 정도의 글을 써낸다면 어떻게 될까. 독자들에게 읽는 맛과 설렘을 제공할 수 없을 것이다.

수필은 인생을 담는 그릇이다. 자신의 삶과 인생을 담는다는 것은 체험이나 이야기를 그대로 기록하는 데 그치는 게 아니다. 자신만의 깨달음과 의미를 담아야 한다. 자기만의 고유한 모습과 빛깔과 향기를 보여주어야 한다.

발표되는 대개의 수필이 고루하고 맥이 빠져 있다. 연륜의 무게와 안목은 있지만 패기가 없고 참신성이 부족하다는 느낌이 든다. 더러는 설교조로 나오고 교훈성으로 일관한다. 오래된 체험 속에도 새로운 시각과 미학이 있어야 하지 않겠는가. 선현들의 가르침을 고전 그대로 설파하는 것은 낡은 방법이다. 오늘 이 시각에 어떤 관점에서 볼 것인가, 재해석을 통한 새로운 방법을 제시해야 공감한다. 옛것에서 먼지를 털어내고 새로운 포장을 해야 눈길을 끌게 된다. 삶에서도 회고담만을 늘어놓는다면 누구의 것이나 대동소이할 것이다. 비범, 깨달음, 감동이 있어야만 가치를 발하게 된다는 것을 자각해야 한다.

수필을 읽는 맛이란 평범하고 사소한 체험의 사회적 확대에 있다. 엇비슷한 체험일지라도 이를 받아들이는 방법, 개성, 독자성에 따라 차이가 있기 때문이다.

(1) 전율

나는 전율이 느껴지는 문장을 좋아한다. 무언가 설렘을 안겨주는 문장이다. 전율이 없는 문장은 평범하다. 무미건조하다. 전율을 일으키는 글은 암시나 비유가 남다른 데가 있다. 경지가 있는 글은 밋밋하지 않다. 친화감이 있고 호기심을 갖게 하며 다음 단계로 인도한다. 문장 속으로 빠져들게 하는 힘이 전율이 아닐까. 새로움에서 오는 것일 수도 있으며, 독특한 개성, 특수한 체험, 명상의 깊이, 철학적인 사유. 고고한 인품, 따뜻한 인간애에서 우러날 수도 있다.

전율을 느끼게 하는 글은 흥미만이 아닌 긴장과 감탄을 준다. 평범과 무료에서 벗어나 새로움에 대한 호기심과 지적, 영적인 깊이에의 열망 때문일 수도 있다. 잠자던 영혼과 감각을 깨워주는 글이어야 독자를 사로잡을 수 있다. 날마다 목도할 수 있는 일출과 일몰에서 진부함과 평범함이 잘 느껴지지 않는다. 전율할 수 있는 삶과 인생은 짜릿하고 신비롭다. 그것은 생명율의 파도가 아닐까. 교감으로 다가서는 과정이며, 발견의 시발이 아닌가. 삶의 신비 공간을 체험하는 일이고 긴장을 동반하며 숨을 죽이게 한다. 마음이 맑고 깨끗한 사람일수록 전율을 일으킬 수 있다. 깊이에의 동경이며 순수한 영혼의 떨림이 아닌가.

(2) 결핍

결핍은 빈곤만이 아닌 그리움도 간직하게 한다. 결핍은 목마름이다. 해소시킬 수 없는 이 갈증은 자신을 주눅들게 만든다. 결핍은 채워지지 않고 비어 있어 자신을 위축하게 만드는 요인이다.

그러나 결핍은 뜨거운 에너지를 제공한다. 목이 마르기

에 샘을 파듯이 자신이 갖고 있지 못하는 것을 추구하려는 욕구를 보여준다. 완벽, 완성은 결핍에 대한 보상으로 이뤄지는 게 아닐까. 결핍증은 의외로 그리움의 분수를 만들어 내기도 한다. 새로운 것을 발견하고 자신만의 세계를 창출하게 하는 힘이 돼 준다. 결핍을 통하여 확실하게 자아에 대해 인식하게 되며 부족함을 메우고 견디는 방법을 체득하게 만든다. 이러한 과정에서 마음의 연마와 깨달음을 얻게 되기도 한다.

(3) 상처

살아가는 동안 상처를 입지 않은 사람은 없을 것이다. 상처는 아픔을 주지만 새 살을 돋게 한다. 상처는 쓰리고 고통스러운 것이지만 많은 교훈을 안겨준다. 성숙하게 만들며 온유와 사랑을 가르쳐주기도 한다.

상처가 없는 삶은 평탄하다. 우여곡절이 있어야 깊이를 가진다. 한恨의 옹이, 고통의 못 자국이 박혀 있는 사람의 문장에서 맑음과 안정의 미를 발견한다. 상처가 아물어 평온이 오기까지, 온유의 피리 소리가 나기까지 기다림과 다스림을 통해 새로운 세계를 경험하고 얻어낸 것이다. 고통과 상처를 마다하지 않고 깨달음의 길을 떠나는 구도자들과 같이 자신을 던질 수 있는 용기가 있는 사람만이 상처를 두려워하지 않는다. 상처도 없이 맑음과 향기를 얻을 수 있을 것인가. 상처가 없는 사람이 어떻게 외로운 이에게 다가가 말벗이 되고 눈물을 닦아줄 것인가.

(4) 깨달음

나는 샘물 같은 맑음을, 달빛 같은 고요를, 종소리 같은 여운을, 평범한 것에서 비범한 생각을, 사소한 것에서 깨달음을 주는 문장을 사랑한다. 한 번 읽고 스쳐 가는 문장이 아닌, 다시 읽고 싶은 충동을 주는 문장을 좋아한다. 작가만의 빛깔과 향기를 지닌 문장을 좋아한다. 독자적인 깊이와 전문성을 지닌 세계를 보여주는 글을, 인격에서 향기가 나는 글을, 함께 미소 짓고 울고 싶은 마음을 일으키는 글을, 한 번도 내가 상상해 보지 못한 것을 드러낸 글을 만나길 원한다.

깨달음은 지식으로 얻을 수 없다. 지식은 바깥에서 들어온 앎에 불과하다. 깨달음은 내부에서 일어난 혁명이다. 체험을 통한 인생의 발견이며 이는 우주와 통하고 있다.

수필 문장은 삶에서 피어난 표정일 것이다. 인생 경지의 꽃이다. 삶과 인생이 아름답고 깊어야 문장 또한 그러하리라. 인생에 대한 깨달음을 보여주는 수필이 경지가 높은 수필이라고 생각한다. 깨달음은 삶의 감동이며 의미가 아니겠는가.

　픽션 문학은 허구, 구성, 흥미 등으로 독자를 사로잡을 수 있지만, 논픽션 문학인 수필은 삶 자체의 경지가 높아지지 않으면 수필 경지가 높아질 수가 없다. 기교가 아닌 진실, 그 자체로서 감동을 주어야 하기 때문이다. 좋은 수필을 쓴다는 것은 곧 좋은 인생을 만들어가는 일이며, 깨달음을 위한 구도의 과정이다.

좋은 수필과의 만남

 마음이 청량해지는 수필, 인격에서 향기가 나는 수필, 깨달음의 꽃을 보여주는 수필, 남다른 발견과 해석을 보여주는 수필을 대하였으면 한다.

 수필의 발표량에 비례해서 좋은 수필도 나와야 하는데, 양적인 풍요 속에 질적인 빈곤을 절감한다. 주제와 소재 면에서 참신성과 다양성이 추구되고, 구성의 기법이나 문장력에 있어서 많은 발전을 가져온 게 사실이지만, 질적 향상을 꾀하지 못하다는 게 일반적인 평가이다.

 왜 이런 현상이 빚어지는 것일까. 수필은 논픽션이기에 인격이 드러난다. 인생 경지가 수필의 경지가 되는 까닭이다. 좋은 삶과 인생이어야 좋은 수필을 쓸 수 있다. 인격의 도야, 인생의 수련이 전제되어야 수필의 품격이 높아진다.

 수필은 수필가들의 전유물이 아니라, 만인의 공유물이

되었다. 누구나 삶의 흔적과 기록을 수필이라는 그릇에 담으려고 한다. 수필은 시와 소설의 중간 위치에서 양 장르의 장점을 취하면서 독자적인 형식과 개성으로 대중에게 가장 친근하고 환영받는 문학 장르가 되었다.

아쉬운 것은 수필가들의 글이 일반인들의 글과 차별성과 변별력을 찾기 어렵다는 것이다. 누구나 쉽게 쓰기는 하되 좋은 작품을 찾아보기가 어렵다는 데서 수필 쓰기의 어려움이 있다. 수필을 쓰는 데만 골몰할 뿐 좋은 인생을 가꾸는 데는 신경을 쓰지 않는다.

'어떻게 쓸까?' 하는 것에 앞서 '어떻게 살까?' 하는 것이 더 중요하다는 것을 잊고 있다. 물질은 풍요하나 정신은 황폐하고, 지식은 넘치나 인격이 부족하며, 재주는 범상하지만 덕이 모자라고, 솜씨는 있으나 여유가 없다.

수필에 지식의 범람만 있을 뿐 지혜가 보이지 않는다. 지식은 바깥에서 들어온 앎이다. 지혜는 내부로부터 우러난 것이며 자신이 터득한 앎이다. 명상과 체험을 통해 얻은 깨달음의 꽃이다.

지식은 간접체험의 결과물이며 지혜는 직접체험을 통해 생성된다. 지식은 빠르게 받아들일 수 있지만, 지혜는 오랜 시간과 깨달음에 의해 얻어진다. 지식은 보편적이지만, 지혜는 작자만의 독자성을 가진 것이다.

지식, 정보의 나열만으로 수필을 쓸 수 있다는 안일한 자세를 보인다. 특히 기행문인 경우에 문헌의 기록과 안내인의 말에 의존한 듯한 글들이 많다. 흥미 있는 줄거리를 늘어놓으면 수필이 될 수 있다는 시각도 보인다. 개인의 기록에 치중한 글들이 눈에 뜨인다. 주제가 불분명한 글들도 많다.

지식, 정보를 걷어내고 작자만의 발견과 의미를 부여한 글을 써야 한다. 테크닉이 아닌 인격에서 향기가 나는 글을 보여주어야 한다. 오래 묵혀 맛을 낸 정품의 글들이 아쉽기만 하다. 한 편의 글에 장인다운 집중력과 정성을 쏟아 완성한 작품을 보고 싶다.

중국의 서북부 사막 도시 둔황의 막고굴莫高窟은 1천 5백 년 전에 조성된 최대의 불교미술 유적지로 유네스코의 세계문화유산으로 지정된 곳이다. 1천여 개의 석굴에 불상을 안치하고 벽화를 그려 놓았다. 한 사람의 작가가 석굴 하나를 파는 일은 일생일대의 대과업이었다.

작가는 그 굴에서 일생을 완성시키고자 했다. 인간이

부처상을 만들고 불화를 그리는 행위는 낙타를 끌고 바늘구멍으로 지나가는 것처럼 어려운 일이다. 자신이 깨달음을 얻지 않고선 부처가 띄운 자비의 미소를 그려낼 수 없다. 작가는 벽화를 그리기 전에 면벽 수도로 깨달음에 이르고자 했다.

석굴 안 어둠 속에서 벽화를 그리는 과정도 어려움의 연속이었다. 청동거울로 빛을 반사시켜 끌어들인 손바닥만 한 햇빛을 따라 그림을 그려나가야 했다. 일부분씩을 그려나가면서 전체와 조화를 이뤄나가야만 했다. 석굴에 일생을 걸었고, 석굴 작업을 완료하기 전에 숨을 거두기도 했다. 석굴은 작가가 택한 깨달음의 공간이자, 창조의 길이었다. 집중과 열중, 기도와 수도로 일생을 보낸 끝에 석굴 하나씩이 깨달음의 꽃인 양 피어났다.

지식과 정보로 쓰는 글은 반짝일지 모르나, 감동을 주진 못한다. 마음이 우러나지 않기 때문이다. 작자만의 발견과 의미 부여와 가치 창출이 있어야 한다. 지식만 요란하고 명상과 침묵으로 다스린 여유와 안정이 없다.

좋은 수필을 만난다는 것은 좋은 인간과의 대면이다. 물질 만능, 극단적인 이기주의 시대에 인격의 함양, 고결한 성품과 깨끗한 삶을 찾아보기란 사막에서 샘을 찾는 일이나 다름없다. 수필이 쏟아져 나와도 좋은 수필 한 편을 만나기 어려운 것은 이와 같은 이유 때문이다.

1부_ 수필의 자화상

수필의 치열성과 여유

 수필을 '마음의 산책'이라고 하는 사람도 있다. 대개 수필은 삶의 절박성, 치열성에서 한 걸음 비켜서서 관조, 회고, 달관, 사유, 취미 등을 담아내고 있는 모습이다.

 삶의 치열성, 노동의 현장, 시대정신, 역사 의식, 사회 문제 등 실제로 삶과 직결되는 문제와는 동떨어진 주제와 소재에 매달려 있는 듯 보인다. 삶의 주제어가 '지금, 여기, 오늘'이어야 함에도, 과거 지향의 회고가 태반을 이루고 있다.

 수필은 자신의 체험을 바탕으로 인생의 발견과 의미를 담는 문학이다. '체험'이란 과거의 소산이기에 과거 문체를 사용하지 않을 수 없다. 그러나 시, 소설, 동화, 희곡 등에서 삶의 중심을 관통하는 현장과 문제들을 펼치는 것과는 달리 현실 문제엔 관심조차 나타내지 않으려는 태도를 보인다.

   현실 문제를 분석하고, 그 속에 살아가는 삶의 형태나 상황을 보여주지 못한다. 문제 해결의 의식과 작가 의식, 시대정신의 결핍을 느낀다. 물론 자연 감상이나 신변잡사를 통한 인생의 가치와 의미를 담으려는 소박한 의도가 깔려 있다. 그러나 노동의 땀 냄새, 일터의 현장과 애환, 삶의 치열성이 담긴 수필을 찾아보기란 여간 어려운 게 아니다.

   수필은 본질적인 일을 외면한 채 취미, 산책, 회고 등에 빠져 있어도 좋다는 말인가. 담담하게 은근하게 다가가는 것으로 만족하고 그런 빛깔과 향기를 내는 것만으로 만족할 것인가. 근원적이고 강렬한 메시지를 피하려고 한다.

   수필은 '사실'을 바탕으로 하는 논픽션이다. 자신의 삶과 인생을 담는 문학이다. 그런데도 수필집에 정작 삶의 현장과 모습이 빠져 있음을 목격한다. 농경 시대와 산업 시대를 지나 정보 시대에 살고 있는 현실을 망각하고, 농경 시대의 정서와 의식에 머물고 있음을 보여준다. 과거지향적인 의식 체제에서 현재와 미래지향의 의식체제로의 전환이 필요한 시점이다. 산책이나, 회고조의 글이 아닌 본격적이고 치열한 문학 형태를 보여주어야 한다. 삶의 주변문학이 아니라, 삶의 중심문학이 돼야 한다.

  수필이 삶의 중심과 현실을 다루지 못하고 한가로운 취미나 여행, 회고조의 토로와 에피소드에 머물고 만다면 수필인구가 증가하고 발표되는 수필 양이 많다고 할지라도 주변문학의 인식에서 벗어나지 못할 것이다. 현실 문제에 정면으로 부딪쳐서 분석하고 해결해 보려는 작가정신을 보여주는 작품의 출현이 있어야 한다.

  수필은 시, 소설, 희곡 등 픽션과는 달리 자신을 그대로 드러내어 놓은 채 현실 문제를 과감하게 파헤친다거나 삶의 현장과 시대정신을 구현하기가 어렵다는 것도 인정한다. 또한 분량에서도 광범위하고 심도 있는 테마를 수용하기 적절하지 않다는 점도 있다.

  중요한 것은 수필이 삶의 핵심, 인간 문제의 중심에서 벗어나지 않아야 한다는 점이다. 치열하고 뜨거운 작가정신을 투입해야 하며, 인생 산책과 한가한 토로 방식의 글쓰기에 대하여 재고해 보아야 한다.

  평생 꽃을 테마로 한 수필가, 한국미의 발견에 매달리는 수필가, 자신의 전문 테마에 일생을 건 수필가도 없지 않다. 또한 인생의 문제를 미시적인 시각으로 보지 않고,

한 걸음 비켜서서 거시적인 시각으로 바라봄으로써 문제의 핵심을 보다 정확하게 보여줄 수도 있다. 수필의 화법은 직접적이라기보다 은유적이고 간접적인 방법이 더 유용할 수도 있다.

삶의 현장과 현실 문제를 어떻게 수용하여 담아낼 것인가를 고민하는 수필가가 보이지 않는다. 작업복 차림의 흙내 나고 땀에 저린 수필, 일터의 숨결과 긴박감이 느껴지는 수필, 오늘의 사회상과 이에 대한 고발, 정의와 부조리, 양심에 대한 가책과 고백, 삶의 생생한 기록과 현실 직시가 보이는 수필들이 나와 시대의 현실을 증언하고 표현해야 한다.

이제 수필은 삶의 주변부를 맴돌아선 안 된다. 삶의 심장을 느끼고 우리가 서 있는 현장, 오늘에 처한 현실의 중심에 서서 인간의 삶을 표현해야 한다.

취미나 여유나 산책 정도의 의식으로 수필을 쓸 때는 지났다. 그것은 아마추어문학 시대나 할 일이지 않은가. 이젠 수필은 이 시대에 가장 각광받는 대중적인 문학이 된 지 오래다. 수필은 수필가들의 전용물이 아니다. 고학력 시대인 현대엔 모든 사람이 수필을 통해 자신의 삶을 기록한다. 인터넷이 글쓰기의 일상화, 수필의 생활화를 가져오는 데 기여하고 있다.

  수필가가 살아남기 위해서는 독자적인 전문 세계와 개성을 확보해야 한다. 자신만의 독특한 세계와 치열한 작가 정신, 탐구와 몰두의 땀이 요구된다. 시대와 현실의 한 복판에서 삶을 수용하는 문학이 되어야 한다.

글쓰기의 즉시성과 완벽성

 피천득 선생이 살아 계실 적의 일이다. 선생 댁에서 "난 이미 50년 전에 절필했어. 더 이상 잘 쓸 수 없으면 안 쓰는 게 좋아."라고 하셨다. '자신에게 다짐한 이 약속을 지키려는 신념이 철저하다.'고 덧붙이셨다.

 절필은 작가로서의 폐업을 말한다. 절필 후에도 국민적인 관심과 많은 독자를 가진 수필가로 남을 수 있었던 피천득 선생은 특이한 경우에 속한다. 이미 주옥같은 명작들을 남겼기에 더 이상 창작의 욕심을 부릴 필요조차 없었는지 모른다.

 나는 피천득 선생께 "독자들은 60대, 70대, 80대의 사색과 삶의 표정들을 알고 싶어 한다."라고 말씀드렸다.

 피천득 선생은 완벽한 글쓰기를 추구했다. 정교하고 세심하며 완성도를 높여 감동의 여운을 주려고 했다. 이와 같은 글쓰기는 훌륭한 전범이랄 수 있다.

글쓰기도 작가의 성격과 정서와 습관에 따라서 여러 가지 형식과 방법이 나타난다. 요리로 치면 즉석 음식과 발효 음식으로 비유할 수도 있다. 주제, 제재에 따라 즉석에서 당장 써야 할 것과 오랫동안 뜸을 들여 완벽성을 취해야 할 것이 있다. 명작일수록 오랜 절차탁마와 퇴고를 거쳐 숙성과 완벽을 꾀한 모습을 볼 수 있지만, 즉흥적으로 쓴 글도 명작의 반열에 든 글이 있다.

칼럼, 기행문, 감상문 등은 시사성, 현장성, 속보성이 필요한 글이다. 신속성이 요구되며 빨리 써야만 신선하고 독자들의 관심을 끌 수 있다. 명문보다는 속도감과 시대에 맞아야 공감대를 이룰 수가 있다. 눈앞에 펼쳐진 삶의 문제나 현상, 시사성, 논쟁거리 등에 대해서는 즉시성이 무엇보다 필요한 요건이다.

발효음식이랄 수 있는 문학 작품은 숙성과 완벽을 위하여 오랜 기간이 필요하다. 한 작품을 완성하는 데 십 년 이상 걸리기도 한다. 간장, 된장, 젓갈 등 발효식품도 맛을 내기까진 정성과 기다림의 시간이 필요하다.

문학서 영원성은 대개 숙성된 작품에서 찾을 수 있지만,

현대엔 즉시성의 효용도가 높아지고 있음을 간과할 수 없다. 지식의 전달을 바탕으로 자신의 의견과 주장에 독자들이 동조하도록 설득하려는 의도의 글은 신속성이 중요하다. 감상을 통한 감동을 유발시키려는 목적의 글은 숙성과 완벽을 취해야 한다. 완벽성은 사색, 여운, 무게, 깊이를 준다. 즉시성은 시원함, 경쾌함, 역동성, 기발함을 보여준다.

현대는 급변의 시대이기에 예전처럼 100년간 독자들의 사랑을 받는 고전이랄 수 있는 작품을 기대하기 어렵다. 옛 100년의 변화가 현대엔 단 하루 만에 변할 수 있다. 현대엔 즉시성의 효과가 증대되고 있다. 명작 한 편을 쓰려고 십 년 이십 년을 잡고 늘어지는 것을 칭찬할 수만은 없다. 현대감각과 변화의 표정을 빨리 포착하고 새로운 스타일의 작품을 창출해 내야만 독자들의 호응을 얻을 수 있다.

현대 작가가 일생에 한 편의 명작을 위해서 공을 들이고 뜸을 들인다면 시대의 속성을 모르는 무모한 짓이다. 굳이 명작을 쓰려는 의식보다는 삶 속의 시·공간에서의 자신의 사색, 감정, 발견, 주장, 해석, 깨달음을 담아내야 한다. 현대엔 숙성과 완벽성에만 빠져서 무한정 시간을 소비할 여유가 없다. 오랜 시간 뒤에 명작을 낳는다고 하더라도 시간 속에 퇴색되지 않는다는 보장이 없으며, 독자들의 관심을 끌 것인지 의문이다.

현대의 속성인 변화에 적응하려다 보니 정확성, 완벽성이 떨어지기 마련이다. 예전의 문인들은 작품 한 편을 쓰기 위해 오랜 기간에 걸쳐 공든 작품을 내놓았지만, 오늘의 작가는 너도나도 문장도 제대로 안 된 글들을 쏟아내고 있어 문학의 질을 떨어뜨리고 있다고 비판받기도 한다. 틀린 말은 아니다.

우리나라에도 전문 문장교열가의 양성이 필요하다. 미국이나 유럽에서는 유명한 대학 교수나 문인일지라도 책을 내기 전에는 출판사를 통해 철저한 전문 교열과 편집을 거치게 마련이다. 우리나라의 경우도 출판사의 교열 과정을 거쳐서 표기법이나 어법상으로 완벽하면서도 저자의 개성을 살리는 글을 만들어 낸다. 적어도 공식적으로 출간되는 글이라면 전문가의 손을 거칠 필요가 있다.

외국 대학에서는 자체적으로 학술문장센터가 있어 글쓰기 실력이 모자란 학생들이 잘못된 점을 교정하고 좋은 글을 쓸 수 있도록 하고 있다. 우리나라 대학들에도 이런 체재의 도입이 필요하다. 고도의 지식을 갖춘, 제대로 된 편집 교열자를 양성하는 일이 요청된다.

완벽한 문장이란 맞춤법에 맞는 정확한 글을 지칭하는 것만은 아니다. 작가가 완벽성과 정확성에 맞추려다 보면 형식과 획일성에 빠질 우려가 있다. 글을 쓸 땐 맞춤법과 정확성 따위에 얽매일 필요 없이 생각나는 대로 표현하는 게 더 좋다. 맞춤법과 정확한 문장을 의식하다 보면, 상상력과 창의력에 제한을 받을 수 있다. 좋은 작품은 맞춤법에 맞는 정확한 문장이기보다 상상력과 창의력이 풍부하면서 감동을 주는 글이다.

현대의 작가라면 신속성과 완벽성을 동시에 취할 수 있는 글쓰기를 염두에 두면서, 변화를 간파하고 속도에 뒤떨어지지 않는 글쓰기 형태를 맞아들여야 한다. 시간의 속도에 아랑곳하지 않고, 현대의 감각과 변화를 알지 못하고 좋은 글쓰기 만에 골몰한다는 것은 시대적인 착각일 수도 있지 않을까 싶다.

수필 분량과 감동

 필자가 문단에 등단할 시점은 수필을 아웃사이드 문학, 비전문 문학, 아마추어 문학 정도로 인식하던 당시 고정관념의 틀을 깨고, 처음으로 공식적인 신인을 배출하던 때다. 1975년 한국문인협회에서 내는 〈월간문학〉 수필공모의 분량이 30매였던 것으로 기억한다. 무척 길어서 어떻게 늘어놓을까 고심하던 생각이 난다.

 〈월간문학〉 수필 부문 최초 당선에 이어 〈현대문학〉에서도 두 번의 추천 과정을 거쳐 등단 절차를 마쳤다. 분량이 20매였던 것으로 생각한다. 그 후 차츰 잡지의 수필 원고 청탁 분량이 15매 내외이더니, 12매 내외, 최근엔 10매 내외에서 간혹 5~6매 분량도 있다. 수필의 원고 분량이 차츰 짧아지는 추세를 보여준다. 이는 소설의 경우에도 마찬가지 현상이다.

현대는 속도를 가치화하고 있으며, 한 가지 일에만 매달리지 않고 동시에 여러 일을 해낸다. 음악을 들으며 글을 쓰고, 영어 공부를 하면서 운전을 한다. 식사 준비를 하면서 주식 시세를 점검하고 전화를 건다.

영화, 비디오, 오디오, 만화 등 시청각을 동원한 입체적인 대중 매체들이 손쉽게 흥미와 감상을 유도하는 시대에 긴 분량의 글은 부담을 줄 것이다. 속도를 가치화 경쟁화하는 현대엔 짧은 분량의 글이 요구된다.

문장이 짧아지고 간결체가 환영받는다. 짧은 분량에 있어서 서두와 전개를 길게 늘어놓을 필요가 없다. 묘사, 문장, 사색과 깊이가 줄어들고 '감동'이란 핵심만이 빛을 낸다. 서두나 전개보다는 결미 부분이 중요시되고, 처음과 과정보다 결과가 더 관심을 끈다.

'행복잡지'라는 게 있다. '좋은 생각'을 비롯하여 20여 종이 나오고 있지 않나 생각한다. 대개 체험을 바탕으로 한 수필이며 6매 정도의 분량이다. 잡지의 크기는 문고판처럼 휴대에 간편하고 분량이 많지 않아 홀가분한 느낌을 준다. 언제 어디서나 읽을 수 있게 부담을 주지 않은 분량이다. 글 한 편의 분량도 지하철 한 역을 지나며 읽을 수 있는 분량인 6매 정도이다. 내용도 사상, 철학, 지식, 사회 문제, 명상 등의 무거운 주제를 피하고, 삶 속에서 얻을 수 있는 행복, 위로, 용기, 즐거움 등 긍정적이고 장미꽃 향기를 맡고 난 뒤 같은 행복감을 선물하는 데 있다. 일상 중에 삶의 행복감을 글을 통해서 공감한다는 데 의미가 있으며, 독자들이 많은 것도 이 까닭이다.

그러나 결과에만 너무 치중하는 면이 있다. 행복지상주의, 긍정적인 면만으로 세상이 굴러가고 있진 않다. 양면성이 있으며 엉켜 살고 있다. 행복과 즐거움은 불행과 고통이 있으므로 존재하는 개념이다. 그렇지만 사람들은 굳이 어두운 면을 상기하거나 애써 담아두지 않으려 한다. 사람들은 점점 '행복'이란 달콤한 사탕에 길들여간다. 행복 잡지는 독자들에게 행복감을 주는 긍정적인 효과도 있지만, 현실 도피와 문제의식을 기피하려는 부정적인 면도 지닌다.

수필의 분량이 점점 짧아져 가는 추세에 수필가들은 어떤 수필을 써야 할까? 간결체가 만연체나 화려체보다 유용하다. '전승기결'의 서사구조를 전개하는 일은 쉽지 않다. 어느 부분을 강조하여 테마를 드러나게 할 수밖에 없는 처지라면 설명이나 묘사보다 테마 부각에 더 비중을 둘 수밖에 없다. 서두보다 결미가 빛나야 효과적이다.

서정 수필이 점점 짧아지면 시와 구분이 되지 않는 상태가 되지 않을까. 오늘의 시는 점점 길어지고 있다. 시가 길어지는 이유는 난해성, 압축, 비유, 상징만으로는 충분한 공감대를 얻지 못해 이를 보완하는 과정에서 생겨난 일이다.

짧은 분량일수록 테마가 뚜렷해야 할 것이다. 주제와 함께 감동이 요청된다. 긴 분량의 글엔 문체 미학, 사상, 인격, 서정, 개성 등 받아들일 요소가 많지만 짧은 분량에선 전체적인 인상과 감동이 남을 수밖에 없다. 문학의 핵심은 감동이다. 감동은 우여곡절과 진통과 어려운 과정을 거쳐 피어난 꽃이다. 감동을 피워내기 위해서 거기에 이르기까지의 '과정'을 어떻게 보여주며, 공감을 형성하느냐가 요구된다. 이는 수필가의 역량과 인생의 경지에서 얻어진다.

수필은 시와 소설의 중간 점에 위치한다. 수필은 시의 장점과 소설의 장점을 취하면서 체험적이고 독자적인 영역과 개성을 확보한 문학이다. 수필의 분량이 점점 짧아지는 추세에 있어선 수필가는 시인 이상의 이미지, 상징, 비유와 소설가 이상의 서사, 구성, 묘사를 구사해야 하지 않을까 생각한다. 수필의 분량이 점점 짧아져간다는 것은 더욱더 독자적이고 전문적이고 개성적인 세계가 필요함을 말해주고 있다.

수필의 문학적 영역

 수필은 사실을 토대로 쓰는 글이다. 고백의 문학, 자조의 문학, 독백의 문학이라는 말도 이를 뒷받침한다. 수필은 자신의 체험과 사실을 바탕으로 한 문학이다.

 시, 소설, 희곡이 상상을 바탕으로 이뤄지기 때문에 창조문학이라고 하지만, 수필은 사실을 바탕으로 쓰기 때문에 비창조문학이라 한다. 상상을 통해 창조된 세계가 아닌, 이미 있었던 것에 대한 것을 토의하는 문학으로 분류된다. 근대 문학 이론가이며 문학평론가인 몰턴(R. Moulton:1849-1924)의 이론에 따르면 시, 소설, 희곡을 창조문학, 역사, 철학, 웅변, 수필을 산문문학, 토의문학으로 분류한다. 이미 있었던 것을 가지고 쓰는 것이므로 비창조라는 개념으로 분류한 것이다.

 역사는 기록성, 철학은 논리성, 웅변은 교설성에 가까

운 성격을 지니고 있지만, 수필은 문학성을 지니고 있다. 문학의 바탕은 상상이고, 상상을 통해 새로운 세계를 창조해 낸다.

시, 소설, 희곡이 상상을 바탕으로 개연성 있는 세계를 창조하는 문학이라면, 수필은 사실을 바탕으로 상상을 통해 의미를 부여하는 문학이다. 시, 소설, 희곡이 허구를 통해 창조의 세계를 구축한다면, 수필은 사실을 바탕으로 여기에 상상을 부여하여 창조적인 세계를 구축해 낸다.

시, 소설, 희곡 등은 허구를 통한 창조 작업을 하므로 구체적이고 일정한 형식이 요구된다. 이와는 달리 수필은 사실을 토대로 하므로 형식은 있되 얽매일 필요가 없으며 자유롭다. 수필은 결코 경험을 그대로 쓰는 글이 아니다. 자신의 체험과 느낌이 인생에 어떤 의미와 깨달음을 주는가를 담아내는 글이다. 작가의 사상, 철학, 지식, 상상, 인생관, 가치관, 인격, 감성을 포함한 인생의 총체성에 의해 독자적이고 개성적인 세계로 표현되므로 이를 창조행위라 할 수 있다. 시, 소설, 희곡 등이 상상으로 이뤄지는 것과는 달리 수필에선 사실을 바탕으로 상상이 보태어져 창조 세계를 표현한다는 점이 다를 뿐이다.

상상을 바탕으로 하는 문학과는 달리 사실을 바탕으로 하는 수필은 장점과 함께 단점도 지닌다. 장점이라면 '사실'에 대한 독자들의 신뢰와 진실의 힘이다. 픽션 부류의 문학과는 확연한 차별성을 보여주는 것은 자신의 체험을 바탕으로 한 호소력이다. 단점으로는 픽션의 경우엔 기상천외, 특별, 기적 등 있을 수 있는 온갖 일들을 상상을 통해 끌어들일 수 있지만, 수필에서의 상상은 한계가 있다는 점이다. 그러나 갈수록 개인의 삶에 가치를 부여하는 의식이 높아가고 있어, 픽션보다 논픽션의 중요성이 증대되고 있다.

인터넷 시대는 말보다 글이 효과적인 소통 도구가 된다. 인터넷에 소통되는 문장, 편지문, 일기문, 감상문, 기행문, 댓글, 칼럼 등이 수필 영역의 문장이다. 인터넷 시대는 모든 사람으로 하여금 수필을 쓰는 시대, 사람들이 저술을 남기는 시대로 변모시키기에 이르렀다.

근대 문학 이론가 몰턴의 이론대로 '수필은 이미 있었던 것을 가지고 쓰는 것이므로 산문 문학, 토의 문학'으로 규정하고 '비창조 문학'으로 구분하는 분류법은 현대에 와서 통용될 수 없는 일이다.

수필은 사실을 토대로 한 문학이지만, 여기에 상상과 감정, 인격을 부여하여 개성적이고 독창적인 세계를 표현함으로써 창조 문학으로 진화해 나가고 있다. 서양의 에세이는 사회적인 문제를 객관적인 관점에서 논리를 바탕으로 시비를 가려서 자신의 논조에 동의하도록 설득하는 데 있기 때문에 토의 문학이라는 인상이 있다.

 동양의 수필은 개인적인 일을 주관적인 관점에서 감성을 바탕으로 삶을 드러내며, 상상과 명상을 끌어들이므로 창조 문학의 영역을 확보하고 있다. 수필은 자신의 체험을 바탕으로 인생에 대한 발견과 의미를 부여한 비교적 짧은 산문이다. 형식이 자유롭고 개성적이다.

 수필은 인생을 담는 그릇이므로, 좋은 수필을 쓰려면 좋은 인생이어야 한다. 인생 경지가 곧 수필 경지가 된다. 인격에서 향기가 나야 문장에서 향기가 난다. 좋은 수필을 발견한다는 것은 곧 좋은 인생과 만남을 뜻한다. 좋은 수필이 많이 나오게 하는 일은 우리 공동체를 맑고 아름답게 조성하는 일이다. 수준 높은 수필이 나오도록 힘쓰는 일이야말로 진, 선, 미를 꽃피우는 바탕이다.

수필의 자화상

　수필은 인생의 고백, 마음의 토로이다. 자신과의 소통을 통해 자아를 발견하며, 세상과도 소통한다. 풀벌레가 밤새도록 우는 것은 자신의 존재를 알리려는 의도이다. 우주 한 곳에 안테나를 세워놓고 끊임없이 발신음을 보내는 것은 세상 어느 곳에서 단 하나의 수신자를 만나기 위한 것이다.

　수필도 자신의 마음과 인생을 토로하면서 독자들과 소통하려 한다. 마음을 털어내야 홀가분해지고 맑아진다. 마음을 나눌 수가 없으면 진실한 관계가 되지 못한다. 시, 소설, 희곡 등 상상을 토대로 한 문학은 허구를 통해 소재를 끌어들이지만, 수필은 자신의 체험을 소재로 한다. 픽션은 상상과 흥미를 통한 소통 장치라면 논픽션은 사실과 진실을 통한 소통 장치이다.

　사람들은 날마다 거울을 보고 산다. 제 얼굴을 가장 잘 아는 이는 말할 것도 없이 자신이다. 그런데도 거울과 사진을 보지 않은 채 자화상을 그리기는 실로 어렵다. 타인의 얼굴을 그리기가 더 쉬울지 모른다.

'나는 과연 어떤 존재인가?'

'인간은 무엇인가?'

이런 물음은 인간이 풀 수 없는 마지막 질문이다. 논리와 과학, 종교와 철학으로도 알 수 없다. 수필 쓰기는 삶에 대한 성찰과 인생에 대한 깨달음이다. 자신을 알지 못하면 타인을 알 수 없으며 세상과도 제대로 소통할 수 없다. 자신의 인생을 비춰내려면 마음이 맑아야 한다. 마음의 연마를 통해 자신의 영혼을 비춰 내야 한다. 마음을 맑게 닦아 내려면 탐욕이라는 때, 화냄이라는 얼룩, 어리석음이라는 먼지를 씻어내야 한다.

수필은 마음의 대화이며 소통이다. 가슴속에 근심, 수치감, 열등감이 한, 상처, 부끄러움으로 남아 있으면 마음이 무겁고 어두워진다. 마음을 씻어내지 않으면 안 된다. 참다운 수필 쓰기는 자랑과 과시는 뒤로 감추고 과실, 용서, 참회를 통한 마음 열기와 정화에 있다.

수필의 효용성을 든다면 인생에 대한 기록과 발견이다.

인간의 평균 수명은 1백 년이 되지 못한다. 일회성 일과성의 삶을 지녔다. 인간은 삶의 제한성을 확대하고자 하는 열망으로 영원을 꿈꾼다. 인간이 만든 모든 것들은 시간의 침식으로 인해 소멸하며 사라지고 만다. 시간은 망각의 바이러스를 뿌려 인간이 남긴 그 어떤 것들도 부패와 소멸의 과정을 거쳐 지워지게 한다.

기록은 인간이 발견한 유일한 영원 장치이다. 기록을 통하지 않고는 영원을 얻을 수 없다. 자신의 삶과 인생이 영원을 수용하는 유일한 길은 기록뿐이다. 수필은 자신의 삶과 인생의 기록일 뿐 아니라, 인생에 대한 발견과 해석이다. 기록을 통해 존재의 영원성을 추구하고 있음은 인생에 대한 의미와 가치의 발견과도 무관하지 않다.

수필은 단순한 기록에 그치지 않고, 체험을 바탕으로 자기 생각과 감정, 철학과 사상, 미의식, 인생관, 가치관, 상상력 등을 반영한다.

시, 소설, 희곡은 상상을 통해 형상화 작업을 한다는 점에서 창작문학이라 한다. 수필은 사실을 통한 형상화 작업을 하기에 비창작문학이라는 견해를 펴는 학자도 있다. 이는 잘못된 시각이며 이론이다. 시, 소설, 희곡이 상상을 토대로 한 문학이라 하지만, 여기엔 작자의 총체적인 인생이 담기게 된다. 수필이 사실을 토대로 한 문학이긴 하지만, 개인마다 상상력과 사상, 인격, 철학, 미의식이 보태어져 창작되고 있으므로 수필도 창작문학이 아닐 수 없다. 수필이 사실을 근거로 한 창작문학이기 때문에 상상을 근거로 한 픽션 문학보다도 진실과 감동을 전달하기에 용이한 문학이다. 수필은 산문으로써 사실을 바탕으로 자신의 삶과 인생을 담아낸다. 사실과 체험을 근거로 하되 작가의 감정, 사상, 철학, 인생관, 미의식 등 인생 총체성으로 빚은 창작문학이다. 시, 소설, 희곡처럼 일정한 형식을 취하지 않고, 다양하고 자유스러운 형식에다 인생에 대한 발견과 의미를 형상화한다. 허구를 전제로 상상을 통해 진실을 말하는 형식이 아니라, 사실을 전제로 체험을 통해 진실을 말하는 형식을 취한다.

픽션 문학은 오로지 작품의 완성도에 따라 평가를 받지만, 수필의 경우는 인생의 경지가 높아야 작품의 경지가 높아진다. 영혼이 맑아야 문장에서 맑음이 흐른다. 정감이 있어야 문장에서 온기가 흐른다. 좋은 수필을 쓰기 위해선 좋은 인생 경지를 얻어야 한다. 좋은 수필을 지향한다는 것은 곧 좋은 인생의 발견과 지향이 아닐 수 없다. 수필 쓰기는 인생의 발견과 의미를 부여하고 인생의 가치를 창출하는 일이다. 자신의 삶을 통해 깨달음의 꽃을 피워 내는 게 수필의 행로요 자화상이다.

수필 쓰기의 의미

 수필을 쓸 때마다 감회가 다름을 느낀다. 수필은 삶의 한 부분에 불과할지라도, 인생의 발견과 의미가 담겨 있다. 수필 쓰기는 자신과의 대화이다. 날마다 거울을 보면서 자신의 외면과 만나지만, 내면을 만나기 위해선 수필 쓰기만큼 좋은 방법도 없다.

 수필을 쓰려면 마음속에 촛불을 켜야 한다. 촛불이 켜진 자리가 자신을 만날 수 있는 중심점이다. 작가인 내가 주인공인 나를 살피고 있다. 사색의 한복판에 앉아야 한다. 그곳에 내면의 얼굴을 들여다볼 수 있는 마음의 거울이 있다. 마음의 거울이 깨끗하고 청결하여야 영혼의 모습을 바라볼 수 있다. 사소한 일상의 흥미와 쾌락에 빠져서 수필을 쓰지 못한다면, 자신의 내면을 볼 수 없고, 삶의 발견과 의미도 놓쳐버린다.

수필을 쓰려면 마음속에 샘을 파두어서 맑은 샘물이 뿜어 올라야 한다. 정화수井華水로 마음을 씻어내 투명하게 해놓아야, 생각이 막히지 않고 뿜어 오른다.

수필의 바탕은 진실과 순수이다. 수필가는 부단히 마음의 때와 얼룩과 먼지를 닦아내야 한다. 마음의 연마, 인생의 연마가 있어야 제 모습을 들여다볼 수 있다.

수필만큼 삶을 확장하고 스스로 깨달음에 이르게 하고, 영원과 대화할 수 있는 벗이 없을 성싶다. 수필은 마음을 맑게 해주는 정화수요, 안정과 평화를 안겨준다. 수필은 고백과 토로를 통해 갈등, 반목, 대립, 원한, 열등감에서 벗어나게 하는 치유사治遊使가 돼주기도 한다.

수필 쓰기를 통해 얻는 기쁨은 스쳐 가는 시·공간을 보면서 인생을 발견하고 있다는 자각이다. 수필을 쓰면서 이 순간 심장의 고동 소리를 듣고, 영원의 숨결을 의식할 수 있음은 얼마나 다행한 일인가. 수필 쓰기는 살아 있음의 지각이요, 그 표현이다.

수필가는 원대한 꿈과 패기를 자랑하지 않는다. 소박하고 진실한 삶의 의미를 꽃피우려 할 뿐이다. 수필 쓰기는 진실의 숨결, 인생의 발견, 미학의 창조, 의미의 부여가 아닐까. 스스로 한 송이씩의 인생이라는 의미의 꽃을 피워내는 일이다.

　수필 쓰기는 일상 중에서 의미의 금싸라기를 찾아내는 일이다. 탐욕에서 벗어나 마음의 눈이 밝아야 인생의 발견과 의미를 캐낼 수 있다. 수필은 상상을 통해 꾸며내는 세계가 아니라, 체험을 통해 인생의 가치와 아름다움을 찾아내는 세계이다.

　수필은 체험의 기록이 아닌, 체험을 통한 인생의 해석이요, 의미 부여이다. 체험을 바탕으로 사상, 철학, 인격, 미의식, 사색이 합해져야만 개성과 창조성을 보여준다. 수필이 사실을 근거로 형상화하지만, 각자의 개성과 인생에서 얻어진 발견과 깨달음으로 이뤄지기에 독창성을 지닌 문학이다.

　시와 소설이 상상력을 바탕으로 체험을 보태어 창의성을 형상화한 세계라면, 수필은 체험이란 사실을 바탕으로 수필가의 상상력과 창의력을 보태서 형상화한 세계이다.

　수필은 서정 수필, 논리 수필, 서사 수필이 있는가 하면, 일기문, 서간문, 기행문, 감상문 등이 포함된다. 또 시적인 수필, 소설적인 수필, 희곡적인 수필, 동화적인 수필, 비평적인 수필이 있다. 타 문학 장르와 구별되는 경계는 시, 소설, 희곡, 동화와는 달리 논픽션이라는 점이다. 수필은 체험과 사실을 바탕으로 상상과 창조의 세계를 보여주며 형식과 분량이 자유롭다.

수필을 쓸 때마다 자질의 부족을 느끼곤 한다. 인생 경지의 미숙, 무성실, 무능력, 무의식 등으로 소중한 시간과 인생을 헛되이 허비하고 만 자책감을 느끼곤 한다.

수필을 쓸 때, 수풀 속에 한 송이 풀꽃이고 싶다. 풀꽃이 되어 하늘을 바라보면 세상이 편안하다. 눈부시고 화려하지 않을지라도 은근하고 삼삼한 빛깔과 향기로 일생의 의미와 아름다움을 피워내고 싶다. 한시성의 삶을 지닌 인간에게 영원함은 존재하지 않는다. 삶의 체험을 통해 인생을 발견하고 의미를 캐낸 수필이란 한 송이의 꽃이 영원의 세계로 향기를 보낼 수 있다는 희망을 품는다.

수필을 쓰며 얻는 깨달음

 수필을 쓰면서 마음을 닦아내고 싶다.
 고백을 하면서 마음에 묻은 때를 씻어내고자 한다. 토로하면서 마음에 앉은 먼지를 털어낸다. 어둡던 마음이 환해지고, 갑갑했던 가슴이 편안해진다. 수필 쓰기는 마음과의 대화이다. 마음을 깨끗이 씻어내고 비우는 일이다. 마음이 맑고 투명해져야 문장이 환해지리라. 눈 속에 갓 피어난 매화의 향기가 풍기리라.

 수필을 쓰면서 인생을 들여다보는 순간임을 느낀다.
 젊었을 때의 꿈은 위대하고 성대한 것만 바라보려 했다. 특별하고 찬란한 인생, 무지개 같은 삶을 살길 바랐다. 행복이란 먼 곳에 있는 게 아니다. 한심스럽다고 생각하는 그 순간, 변화가 없어서 답답하게 여겨지던 순간이 가장 소중한 때였음을 모른 채 지나버리고 말았다. 눈앞에 닥친 바로 이 순간의 발견과 가치를 꽃피워내지 못했다. 수필 쓰기는 지금 이 순간의 의미와 삶의 가치를 일깨워준다.

수필을 쓰면서 순수와 진실이란 무엇인가를 알았다.
거짓되지 않고 허황하지 않은 삶의 자세를 가다듬을 수 있었다. 수필 쓰기는 때 묻지 않고, 얼룩이 묻지 않도록 순수한 영혼을 지닐 수 있는 세정제洗淨劑가 돼준다. 눈이 흐려지지 않게 온화한 미소가 어리도록 마음을 정화해 주는 안내자가 돼준다.

수필을 쓰면서 깨어 있음을 느끼게 된다.
내 인생의 시계 초침 소리를 들으며, 과연 지금 어디에서 무엇을 하고 있는가를 생각하게 만든다. 인간은 타고날 적부터 어디론가 숙명의 길을 가는 여행자임을 느낀다. 과연 내 소임은 무엇이며 제대로의 길을 가고 있는 것일까. 게으르고 어리석은 시간 낭비자가 아니었던가, 스스로 뒤돌아보게 만든다.

수필을 쓰면서 행복해짐을 느낀다.

꽃향기 실어 오는 산들바람을 맞으며 숲길로 산보 나선 사람처럼 걷고 싶어진다. 편안하게 들길 산길을 걸어 들꽃이랑 숲과 만나고 싶다. 누구나 자연에서 왔다가 자연 품으로 돌아가지 않는가. 자연의 정서와 아름다움을 가슴에 안고 싶다.

수필을 쓰면서 대화를 나누고 있다.

독자들의 마음에 닿아 영혼 교감의 시간을 나누고 싶다. 소통이 없는 글쓰기는 자기만족의 글일 뿐이다. 소박하지만 인생에 얻은 삶의 발견과 깨달음의 꽃을 독자와 함께 나누는 시간을 얻고 싶다. 비록 소박한 나무 그릇에 불과하지만, 그동안 햇살과 바람과 땅의 기운을 받아 일 년에 한 줄씩 짜놓은 목리문木理紋 위에 엉겅퀴꽃이나 민들레꽃 한 송이쯤 담아 수수한 향기를 전해주고 싶다.

수필을 쓰면서 깨닫고 있다.

마음이 맑아지려면 얼마나 욕망이란 때를 씻어내야 하는지. 성냄이란 얼룩을 지워내야 하는지. 어리석음이란 먼지를 털어내야 하는가. 마음에 향기가 나야, 문장에서 향기가 흐른다는 것을, 마음이 깊어져야 은은한 울림이 퍼진다는 것을 안다. 좋은 수필이란 좋은 인생에서 얻은 깨달음의 꽃임을 알아차린다.

  수필을 쓰면서 허황한 치레와 허위와 수식을 버리고 싶다.
  시간이 지나면 얼굴과 치장은 사라지고 백골만 남는 법이다. 굳이 무엇을 남겨 놓으려 하지 않는다. 삶을 통한 내 인생의 소박한 발견과 깨달음, 마음의 미소와 표정, 미진한 아쉬움과 성찰을 통한 순간의 발견과 의미를 얘기하고자 한다.

  수필을 쓰면서 지금 숨 쉬고 있고, 정신적으로 성숙해지고 있음을 느낀다.
  수필 쓰기는 인생 연마요, 마음의 정화임을 느낀다. 수필 쓰기는 마음과 인생의 펼침이다. 인생 경지에 따라 마음 연마에 따라 경지가 달라진다. 수필 쓰기는 자신의 마음속에 깨달음의 꽃을 피우는 작업이 아닐까 한다.

2부

마음을 끄는 문장

수필 속 '나'의 두 모습

 수필을 쓸 때마다 내가 둘임을 느낀다. 거울을 들여다보는 나와 거울에 비치는 나다. 수필은 자신의 삶과 인생을 담는 그릇이다.

 수필에서 '나'는 주인공이면서 작가이다. 수필을 쓰는 과정은 나와의 만남이다. 글을 쓰는 동안에 자신이 미숙하고 별 볼 일 없는 존재임을 절감한다. 과거 속에 존재했던 나를 들여다본다. 시·공간을 초월하여 나를 관찰한다. 과거의 나를 지금의 내가 보고 있다. 행동하는 나를 생각하는 내가 살피고 있다.

 프랑스의 시인 아르튀르 랭보(1854~1891)는 시인을 일컬어 '견자見者'라고 했다. '보는 사람'이란 '관찰자'를 뜻한다. 작가란 자연, 인간, 사회현상을 관찰자의 입장에서 살피는 사람이다. 관찰은 말할 것도 없이 기록을 위한 것이다. 이 기록은 관찰자의 견해를 담고 있으며, 영원 장치가 된다. 관찰자는 모든 사람이 잠든 밤에도 깨어 있어야 한다. 기록을 남기기 위해서이다. '보다' '관찰하다' '기록하다'는 간단하지 않다. '보다'는 보이는 것만을 보는 게 아니어야 한다. 보이는 것을 통해, 보이지 않는 것을 보아야 한다. 들리는 것을 통해, 들리지 않는 것을 들어야 한다. 자연현상을 보고 미래를 보아야 하며, 예측할 수 있어야 한다. 보이는 것을 표현하는 것은 평범하고 누구나 할 수 있다. 보이지 않는 것을 보는 것이야말로, 비범하며 누구나 할 수 없다. 보이는 것들은 바깥이며 표피의 모습이다. 마음, 진실, 영원, 영혼, 본질, 중심은 사물의 핵심에 있어서 보이지 않는다. 귀중하고 소중한 것은 돈으론 살 수 없다. 보이지 않는 소중한 것을 볼 수 있어야만 진정한 관찰자가 되고 기록자가 될 수 있다.

보이지 않는 것을 보기 위해선 인생의 경지가 필요하다. 마음의 눈, 마음의 귀가 필요하다. 마음의 연마와 고독이라는 양식糧食이 필요하다. 독서를 할 때 작가를 만나지만, 수필을 쓸 때는 자신과 만난다.

수필은 체험을 바탕으로 인생의 발견과 의미를 알려준

다. 체험은 사실을 근거로 이뤄진다. 생활인의 일상은 평범하고 반복적이며 사소하다. 소설은 상상을 통해 흥미, 기적, 특별, 기상천외 등으로 관심을 끌 수 있지만, 수필은 자신의 인생의 모습을 보여준다. 소설가는 상상을 통해 인생을 얘기하지만, 수필가는 자신의 삶을 통해 인생을 말한다.

수필도 남의 인생을 얘기할 수는 있다. 이 경우에도 작가는 인생의 견해를 표명함으로써 자신을 드러낸다. 좋은 수필의 바탕과 조건은 작가의 인생 경지에 달려 있다. 인격에서 향기가 나야 문장에서 향기가 난다. 고결한 정신의 소유자라야 문장에서도 품격과 밝음이 풍긴다. 인생이 좋은 악기여야만, 좋은 연주를 들려줄 수 있다. 인생이 좋은 종鐘이어야만, 감동의 여운을 울려낸다. 흔히 말하는 예리한 관찰력, 심오한 사상, 해박한 지식, 풍부한 상상력, 독자적인 개성, 탁월한 미의식 등은 평생을 통해도 얻기가 어려운 경지이다.

거울에 비치는 나와 이를 바라보는 나, 체험 속의 나와 체험 밖의 나, 과거의 나와 지금의 나는 눈길을 마주친다. 기록에 급급한 수필과 보이지 않는 것을 보려는 침묵과 명상 속에서 눈을 뜬 수필을 만난다.

2부_ 마음을 끄는 문장

수필은 먼저 인생의 기록이란 점이 있지만, 인생의 발견과 의미 부여가 필요하다. 관찰의 눈에는 발견과 깨달음이 있어야 한다. 자신의 인생관과 가치관, 철학이 내포되어야 한다.

　수필은 인생을 담아내는 글이므로, 어떤 문학 장르보다 자신의 모습과 삶이 드러난다. 고백, 토로, 고백성사의 글로 불린다. 자신을 연단하고 성찰하여 높은 경지를 스스로 획득해야 좋은 수필을 보일 수 있다.

　수필은 개인적인 체험이지만, 시대와 공간을 초월하여 삶의 도움이 될 요소가 있어야 한다. 보잘것없고 사소한 일들에서 가치와 의미를 발견하는 눈이 있어야 한다. 일상의 삶에서 존귀하고 아름다운 보석을 찾아 내는 일이 수필을 쓰는 일이 아닐까.

명상 수필에 대해

수필은 자신의 체험을 바탕으로 인생의 발견과 의미를 담은 글을 말한다. 시, 소설, 희곡은 상상을 바탕으로 인생을 담는 픽션이지만, 수필은 사실을 바탕으로 하므로 논픽션으로 분류된다.

사색 수필, 명상 수필을 좋은 수필이라고 생각한다. 신변잡사의 기록성에 가까운 글보다 사색과 명상이 담긴 수필이 마음에 든다. 좋은 수필에 대한 생각은 독자들의 개별적인 독서 성향이나 취향에 따라 달라질 것이다.

명상 수필은 어떤 대상, 일, 사건, 관념, 화두에 대해서 집중적인 관찰, 사색, 대화, 발견, 추구, 탐구 등을 펼쳐낸다. 특정한 일이나 사건 등이 관심사가 아니라, 상상이 지배하는 세계이다.

대개 '수필'을 '작가의 체험을 담은 글'로 인식하고 있다.

자신의 체험을 통한 '인생 발견과 의미부여'로 보고 있다. 수필은 주관성, 개인성, 서정성, 기록성을 띤 문학이다. 수필과 에세이를 동일시하는 경향이 있지만, 동양의 수필과 서양의 에세이는 다른 개념의 글이다. 수필은 객관성, 논리성, 사회성을 띤 에세이와는 다른 개념을 지닌다. 체험을 근거로 하므로 상상을 근거로 하는 문학과는 달리 창작성을 수용하지 못하는 듯한 인상을 준다.

 수필에 있어서 '상상'은 보석이나 다름없다. 사실이나 체험의 기록이라면 기록문이나 역사일 것이지만, 여기에 작가의 상상력에 의한 인생의 발견과 의미, 견해와 미의식이 담겨서 총체적인 묘미를 맛보게 한다. 작가의 체험을 통한 사상, 철학, 인생관, 가치관, 상상력이 합쳐져서 깊이와 폭이 확대되는 것이다.

 오늘날 수필의 저변 확대에 따라 양적 팽창보다 질적 수준이 못 미치는 형세를 보여, 수필에 대한 폄훼가 보이곤 한다. 문학에서 '상상력'에 의해 '창작성'과 '문학성'을 가늠하는 척도로 삼는다면, 수필도 픽션 부류의 문학 장르에 뒤질 까닭이 없다.

 수필은 어느 문학 장르보다 인생을 본질적으로 다루고

있다. 자신의 얘기나 사상일지라도 종국엔 인생론에 이르게 하는 것이 목적이다. 인간의 삶은 생각과 행위[일]로 양분된다. 생각과 일[행위]은 상반과 합일을 이루면서 드러나기도 하고, 잠적 되기도 한다.

문학은 '인생의 표현'이므로 체험과 상상이 바탕이 아닐 수 없다. 수필도 말할 것 없이 '인생의 반영'이므로 체험을 바탕으로 한 상상력의 표현이 아닐 수 없다. 픽션이든지 논픽션이든지 형식상의 구분에 상관없이 문학에서 '체험'과 '상상'을 배제할 수 없다.

더군다나 '명상 수필'에 있어선 '체험'을 바탕으로 한다기보다는 '상상', '사색'에 의한 자유자재의 상상 세계를 펼친다는 점에서 '상상'을 바탕으로 한다. 체험과 상상의 상관은 실체와 그림자처럼 하나이면서 두 모습으로 나타나기도 한다.

수필을 보면 체험에 너무 치우쳐 있어서 기록성에 가까운 글이 되고 마는 경우가 많은 게 사실이다. 상상이 지배하는 수필에선 체험성이 약한 반면, 관념적이란 말을 들을 수 있다. 수필을 쓸 때 생각해 보아야 할 일은 체험과 상상의 안배와 균형이 적절하게 이뤄졌는지를 살펴보는 일이 필요하다.

수필문학을 대함에 있어서 '체험의 기록'으로 생각한다면 크게 잘못된 일이다. 수필은 체험을 바탕으로 하되 상상력을 통한 의미의 꽃을 피운다는 점을 잊어서는 안 된다.

더욱이 '사색 수필', '명상 수필'의 경우엔 '체험'보다 '상상'을 바탕으로 전개한다는 점에서 픽션 문학보다 한 수 위의 본격적인 '상상 세계'를 보여준다. 서양의 에세이 원조로 불리는 몽테뉴의 『명상록』이나 로마의 황제 마르쿠스 아우렐리우스의 『명상록』 톨스토이의 『인생론』 등은 수필문학의 한 전범을 보여주고 있다. 우리나라 고전 중의 『동문선』을 비롯하여 이규보의 문장에서 명상적인 요소를 보여준다.

한국수필의 발전을 위해서 앞으로 좋은 명상 수필이 나와 독자들이 기대와 관심을 끄는 계기가 됐으면 한다.

칼럼의 효용성

 칼럼은 시사성을 반영한다. 지성의 날카로움, 첨예한 통찰력, 문제의 분석력, 논리의 힘, 문제해결을 위한 방향을 제시해 준다. 저널리즘에 의해 사회 의견과 민심이 수렴되는 상황에선 칼럼의 지배력과 영향력은 여론을 선도한다는 점에서 어떤 글보다 힘이 강하다.

 칼럼은 논리, 지식, 이성을 드러내는 글이다. 현실 직시적이며 문제해결을 위한 방법론을 제시한다. 자신이 펴는 주장에 대하여 설득, 동조를 통하여 민심을 끌어 낸다.

 칼럼은 서정과는 거리가 멀다. 독자들을 설득하기 위해서는 과학적이고 통계적인 자료 제시와 분석이 뒷받침돼야 한다. 이성적이고 논리적이어야 한다. 딱딱하지만 명확하며 본질과 문제의 핵심을 파고드는 통쾌감을 준다.

 서정문은 감성이고 그 핵심은 사랑이다. 칼럼은 논리이

고 그 핵심은 지식이다. 서정문은 개인적이고 주관적인 감상, 느낌, 공감, 사랑 등의 정감을 주는 글이지만, 칼럼은 사회 현상, 사건, 문제 등 사회적인 문제에 대해 현명하고도 바람직한 처리와 사후대책을 마련하는 방법론을 펼친다.

칼럼은 사회참여와 파워를 과시하는 글이다. 문학작품은 감성을 통한 방법으로 인간과 사회에 변화를 일으키기도 한다. 직접적인 사회 영향력이라기보다 간접적인 영향이다. 그러나 칼럼은 미처 사람들이 정신을 차리기도 전에, 사건이나 현상에 대해 본질조차 파악하지 못해 쩔쩔매는 혼미상황 속에서 민첩하게도 사건의 전말과 철저한 분석과 해결 방향에 대해 대안까지 내놓음으로써 사회 통합과 의견수렴에 큰 영향력을 갖는다는 점에서 유력지 칼럼니스트의 힘은 실로 막강하다.

칼럼은 광장에 모인 군중을 향해 웅변을 통해 지지를 얻는 언술과는 다르다. 웅변은 놀이와 지성과는 달리 감성을 통한 호소와 동조를 유발함으로써 민중을 자극하지만, 칼럼은 냉철한 분석이 필요하고 이를 뒷받침할 통계자료의 제시가 요구된다. 자신의 주장에 대한 논리가 뒤따라야 한다.

명칼럼니스트의 글을 보면 논리와 지식이 이루는 앙상블의 빛남에 눈이 휘황해진다. 상상력과 과학적인 진단과 방법론까지 그 명석함과 추리력의 번쩍거림에 지적인 포로가 되기도 한다.

칼럼이 힘과 화려함을 뽐내는 것은 의견제시와 여론몰이의 선두에 선다는 점이다. 칼럼니스트는 지성인을 대표하는 상징성을 띠게 되며, 독자적인 논법과 분석력으로 앞서 사회적 반향을 일으킨다.

수필이 현실참여가 미약하다는 평가를 받아 왔지만, 수필의 범주에 포함되는 칼럼의 경우엔 현실 참여적이고 역동성을 가진 글이다. 이 명확하고 진취적인 사회참여를 통한 글쓰기는 사회적인 힘을 보여준다.

칼럼의 생명성은 얼마나 될까. 신문 칼럼의 생명성은 24시간에 불과하다. 월간잡지의 권두칼럼의 수명은 30일 정도이다. 가장 힘이 센 글이지만, 가장 생명성이 짧은 글이라는 점이 취약점이다.

오늘의 사회적 이슈나 사건이 내일이면 더 큰 사건이나 화제에 밀려서 퇴색되고 사라진다. 사건 발생 즉시 등장한 칼럼의 신선하고 시의적절한 처방전은 경탄과 칼럼니스트에 대한 존경심마저 불러일으킨다. 그러나 시간이 지나면 가장 값싸게 잊히고 버려지는 글이 칼럼이다.

지식과 논리는 지금까지 있었던 것들에 대한 분석이고 해결책이다. 논리와 지식이 아무리 해박하다 할지라도 그것은 독창성이 아니다.

신문의 칼럼은 24시간이라는 생명의 유효기간이 지나면 버려진다. 달콤한 유혹과 만족감을 안겨주는 껌과도 같다. 생명성이 없어진 칼럼이 게재된 신문은 쓰레기통에 버려지게 되거나 폐지 수집소로 갈 뿐이다.

칼럼을 쓰는 사람도 제한적이다. 신문에 고용된 필자이거나 논설위원이 맡아서 고정란을 메우고 있다. 칼럼을 쓰는 동안만은 각광과 주목을 받게 되지만, 칼럼 자체의 생명성이 일시성을 지녔기에 수없이 발표한 칼럼들을 기억하는 독자들이 많지 않다. 서정 수필가의 몇 편의 작품들이 독자들의 사랑을 받는 경우와는 사뭇 다르다.

칼럼은 우리 사회를 지키는 파수꾼의 역할과 관찰자의 역할을 한다. 문학작품처럼 감성과 상상력에만 기대지 않고, 인간사회에 일어나는 현실적인 문제를 가장 신속하고 바람직한 방향에서 해결을 도모할 수 있게 여론을 통합적으로 이끌겠다는 방법론을 보여준다.

    칼럼이 눈을 뜨고 살아 있어서 자유와 표현의 욕구를 보여준다. 오래 가지 않고, 사람의 입에 회자하지 않더라도 일시에 쏠리는 뜨거운 반응과 시선만으로 살아 있는 글이 아닐 수 없다. 칼럼은 순간을 생명처럼 여기는 글이다.

마음의 산책

수필은 '마음의 산책'이란 말을 한다. 동조하는 편이지만, 그렇다고 전적으로 그런 면만으론 안 된다고 생각한다. 수필은 여유와 사색과 달관을 담은 글이어서 치열, 열중, 탐구, 욕망 이런 대상과는 담을 쌓아야 하는가.

수필이란 느긋하게 뒷짐을 지고 삶의 뒤안길로 산책하며 떠올리는 한가한 사유와 삶의 성찰과 발견을 담는 여유로운 문학에 불과한가. 현실과 삶의 현장에서 한 걸음 비켜나서 회고 조의 과거사를 늘어놓는 데 지나지 않는 글인가.

우리 문단이 정식으로 수필가를 배출하기 시작한 70년대 이전엔 시인, 소설가 혹은 학자들이 자신의 전공 이외의 사적인 회고와 체험의 편린들을 형상화하는 글로써 수필을 택하면서 '마음의 산책'이란 말을 사용했는지 모른다.

'마음의 산책'을 즐겨서인지 몰라도 우리 수필들은 대부분 현실과 사회의 절박한 문제나 이슈에는 한 걸음 벗어나 있는 듯한 인상이다. 마음의 산책에서 얻은 글엔 명상을 통한 깨달음과 인생의 발견과 향훈이 어려 있기도 하다. 화려하지 않으나 수수하고 정열적이지 않으나 순수와 진실의 모습은 수필이 지닌 매력이기도 하다. 그러나 이런 것만으로 수필을 한정 지으려 해선 안 된다.

  수필의 매력은 자유스러움과 다양성에 있다. 그 무엇에도 얽매이지 않고 자유자재의 모습으로 자신의 삶과 진실을 담는 그릇이다. 수필은 황홀 찬란하거나 열정과 심오한 사상을 보여선 안 되는 것인가. 왜 솔직하고 개성적인 글이면서도 도덕군자 형세를 하려는 모습을 보이려고 할까. 자신을 돋보이게 하려는 생각 때문에 진솔하고 자유로워야 할 수필의 모습이 위선, 허위, 과장, 허세, 치장으로 참모습을 드러내지 못하고 있다. 속속들이 드러내야 할 것은 상처, 부끄러움, 참회, 열등감, 고통이다. 고백과 토로를 통해 용서받고 치유함으로써 마음의 청정함을 회복할 수 있다. 그런데도 깊숙이 감추고 성공과 당당함으로 과장하며 허세를 부리는 것은 수필의 참모습이 아니다.

  마음에 묻은 탐욕이라는 때, 이기라는 티끌, 집착이라

는 먼지, 분노와 증오라는 얼룩을 눈물로써 씻어내야 한다.

좋은 문학이란 문장의 기법보다 일생을 관통하는 문학 정신이 있어야 한다. 지금까지 우리 문단엔 본격적인 수필가라고 할 만한 사람을 찾기가 어려웠다. 알려진 시인, 소설가 등과 지식인이 명수필 몇 편을 쓴 것이 전범이 되곤 했다. 일생 자신의 테마를 수필을 통해 탐구하는 본격적인 수필가들이 나와야 한다. 단순히 삶의 체험을 기록하는 것이 수필이라고 생각하는 사람들이 많은 게 사실이다. 개인적인 체험이 다른 사람들 삶에도 의미와 가치를 줄 수 있어야 한다. 개인사의 기록일지라도 특수한 체험이거나 의미 부여가 없다면, 공감을 주기 어려운 일이다. 개인적 체험의 사회적인 확대가 수필의 효용성이라 할 것이다.

수필은 마음의 산책일 수도 인생의 탐구일 수도 있다. 치열, 열정, 실험, 투지, 개척, 탐구, 고뇌의 모습이 드러나고 삶의 현장과 심장 박동을 느끼는 글도 보여야 한다. 너무 느슨하고 한켠 비켜선 듯한 시각과 관점은 본격문학으로서는 거리를 느끼게 만든다. 좀 더 적극적이고 다부진 문학으로서의 일면을 드러내야 한다.

안일, 여유, 산책, 사색, 관조, 성찰로만 복잡다난하고 변화무쌍한 현대의 삶을 반영시키고 인생문제를 풀어갈 수 있을 것인가. 수필가에겐 인격이 중요하지만, 현실문제에 방관하거나 비켜나 있는 태도를 보여서도 안 된다. 수필가도 많고 발표되는 수필들도 많지만, 신변잡사를 위주로 한 글이면서도 삶과는 비켜선 듯이 한가하고 여유로운 수필도 보인다. 절박하고 눈물겹고 애통한 현실과는 거리를 둔 이야기를 하는 건 아닌가. 왜 삶과 체험을 바탕으로 하는 문학이면서도 삶의 현장과 현실과는 동떨어진 듯한 모습을 보이는 것일까.

체험의 묘사나 에피소드를 그대로 그려 놓는 것이 수필은 아니다. 체험을 통한 의미부여와 가치의 창출, 여기에 인생에 대한 견해가 필요하다.

수필 시대라고 할 수 있는 오늘날, 수필의 모습이 '산책'으로 인상 짓는 데 그치게 해선 안 된다. 탐험, 모색, 개척, 실험, 열정, 몰두 등으로 수필의 제 모습인 자유로움과 다양성을 획득해야 한다.

누구나 수필을 쓸 수 있지만 수필가가 쓰는 수필은 탐구와 열정과 깊이를 갖추어야 한다. 지금까지 수필가들은 너무 인간적인 면만 치중한 나머지 현실과 사회적인 면으로부터 거리를 둔 채 유유하게 산책을 해 온 게 아닐까 하는 생각을 해 본다.

인생을 관조하고 명상을 통해 깨달음에 이르는 게 최상의 목표일 순 있지만. 산책로만 갈 것이 아니고, 치열한 삶의 현장과 시장 뒷골목을 가보기도 하고, 숨이 막히는 노동의 현장을 답사해 보아야 한다. 고통의 신음을 토하는 사람들의 얘기도 들어보아야 할 것이다.

사람들은 자신의 삶과 인생을 성찰하고 마음의 여유를 얻기 위해선 산책로가 필요하다. 마음의 산책은 독자들에게 여유와 휴식을 베풀고 안온과 위로를 준다. 부담 없이 친근하게 다가설 수 있는 친화감을 주게 만든다. 이런 미소 어린 편안한 얼굴을 마주하는 데서 수필의 정서를 느끼게 하는 것도 사실이다. 하지만 모두가 산책로로 가선 안 된다. 치열함, 본격성, 첨예함, 깊이, 열정이 없는 체험은 너무 느슨하지 않은가.

속도를 가치화하는 현대문명에 호흡을 맞추어야 한다. 변화에 민감하게 적용하지 못하면 시대에 뒤떨어질 수밖에 없다. 수필만이 한가롭게 들꽃을 바라보며 산책로를 걸어서야 되겠는가.

완벽과 파격

완벽에 가까운 수필을 읽을 수 있으면 즐거운 일이다. 서두에서부터 결미에 이르기까지 한 낱말, 한 문장이라도 주제와 눈을 맞춘 잘 짜인 수필을 보면 경탄하지 않을 수 없다. 갓 핀 꽃이거나 과일을 보는 듯하다. 완벽엔 오랜 사색과 일생을 통한 솜씨에다 집중력과 정성을 보탠 노력이 보인다. 흠잡을 데가 없이 완숙한 작품에선 장인의 경지를 느끼게 한다.

수필에 있어서 완벽보다 파격이, 완성보다는 미완성의 여지가 있다면 어떨까 생각해 본다. 처음부터 주제, 소재, 구성, 문장을 생각하고 밑그림을 그린 다음 집필해야 완성도가 높아진다. 요즘 수필을 공부하는 사람들이 주제, 소재, 구성의 연관성과 완벽성에 치중하여 쓰는 까닭으로 솜씨가 좋은 게 사실이다.

완벽할수록 좋은 작품이랄 수 있으나, 그 완벽 때문에 무언가 갑갑하게 느껴질 때가 있다. 수필 빚는 솜씨는 좋지만, 맛과 여운이 없다. 여유와 운치 같은 게 보이지 않는다. 글을 너무 짜 맞추는 데만 신경을 쓴 게 아닐까 생각한다.

문장이 서툰 데가 있을지라도 순수하고 꾸밈없는 글이 마음을 끈다. 흠잡을 데 없이 완벽한 것도 좋으나, 의도 없이 홀가분하게 산책하듯 나서는 글에 정감이 간다. 굳이 주제나 구성이라는 틀에 너무 구애되지 않고 자유자재로 마음의 행로를 따라가는 글이 마음에 들 때가 있다. 형식에 얽매여 있지 않고 샛길로 빠져보기도 하다가 나중에야 주제에 합일하는 여유도 좋아 보인다.

수필에 대해 '붓 가는 대로 쓴 글'(김진섭 「수필문학 소고」) '누에의 입에서 나온 액液이 고치를 만들 듯이 쓴 글'(피천득 「수필」)이란 개념에 반발이 일고 있다. 닥치는 대로 아무렇게나 써도 되는 글인 양 수필을 폄하한 것이라고 못마땅하게 여기고 이런 개념을 바로 잡아야 한다는 소리가 높다. 그러나, 이 말은 수필이 형식에 매이지 않고 자유스러운 문학임을 말한 것이지, 저급한 문학이라고 규정한 듯한 해석은 잘못이다. 오랜 습작을 통해 고도의 질서를 획득하여 막힘 없이 생각과 느낌을 전개할 수 있는 경지야말로 비범의 세계라 할 수 있다. 문장의 진의는 형식에 구애됨이 없는 자유와 무 의도성을 말한 것이다.

완벽의 글에선 균형과 조화의 미가 있다. 조탁彫琢의 섬세함과 완성을 위한 노력이 꽃피워져 있다. 더 이상 바랄 데가 없어 보인다. 순박하게 아무렇게나 쓴 듯한 글에서 시원함, 형식을 뛰어넘는 해방감이 있다. 전연 의도성이 없이 글을 써나가는 중에 스스로 취한 나머지 마음 내키는 대로 거닐어 보는 무아지경無我之境에서 여유와 경이를 발견한다. 형식 속의 완성을 추구하는 게 아니라, 자유로움 속에서 완성을 얻는다.

공자孔子는 일찍이 사양師襄이라는 스승에게 거문고 타는 법을 배웠다. 거문고를 배우는 것은 기술을 배우는 것이 아니라 사람의 마음을 배우는 것이라고 말한 바 있다.(《史記》孔子 世家) 또 음악에 대한 태도를 말할 때 "군자와 소인이 다른 것은 군자는 악도樂道를 얻으려는 것이고, 소인은 그 악음樂音을 욕심내는 것이다."(《禮記》樂記)라고 하였다.

소인은 거문고를 잘 연주하는 법만을 알려고 하지만, 군자는 거문고를 통해 깨달음을 얻으려 한다는 것이다. 이와

유사한 일화가 있다. 대금의 명인이 제자에게 "대금을 연주할 때 무슨 생각을 하느냐?"라고 물었다. 제자는 "곡에 맞춰 연주하기에 신경을 쓰느라 아무 생각을 할 수 없다."라고 했다. 스승은 "대금을 연주하면서 천하를 산보한다."라고 했다. 제자는 형식에 얽매어 있지만, 스승은 형식을 초월하여 자유자재의 행보를 즐기고 있다.

수필 붐에 힘입어 수필공부방이 생겨나고 체계적인 창작법을 익히는 사람들이 많아지는 것은 매우 고무적인 일이다. 시, 소설, 희곡, 동화와 같은 픽션 류의 문학 장르처럼 형식과 기능에 치중한다고 해서 좋은 수필을 쓸 수 있다고 생각하진 않는다. 수필은 픽션물과는 달리 비형식의 자유스러움 속에 독자적인 모습과 빛깔과 향기를 내어야 감동을 줄 수 있기 때문이다.

논리적 수필의 경우엔 처음부터 주제를 드러내고 철두철미하게 맞춰가는 형식을 취하지만, 서정 수필의 경우엔 아예 주제를 감춰 놓고서 암시적으로 말한다든지, 우회적으로 독자들이 스스로 생각하게 만들기도 한다. 유미주의 글일 경우엔 주제도 없이 대상의 아름다움과 느낌만을 전할 수도 있는 것이다.

요즘 발표되는 수필들이 잘 만들어진 글이라는 느낌을 받지만, 오히려 형식 속으로 빠져들어 여유가 없어 보인다. 형식에 빠지지 않고 자유를 얻는 문학이 수필임을 고려한다면 갑갑증이 날 지경이다. 논술, 감동, 주제 등에 매여서 너무 규격과 목표 지향적인 글을 쓰고 있다는 생각이 든다.

수필은 완벽보다 파격의 미를 추구하는 문학이 아닐까 한다. 인생의 발견과 깨달음으로 감동을 이끌어 내는 문학이다.

'덕수궁 박물관에 청자연적이 하나 있었다. 내가 본 그 연적은 연꽃 모양을 한 것으로 똑같이 생긴 꽃잎들이 정연히 달려 있었는데, 다만 그중에 꽃잎 하나만이 약간 옆으로 꼬부라졌었다. 이 균형 속에 있는 눈에 거슬리지 않는 파격이 수필인가 한다. 한 조각 연꽃잎을 꼬부라지게 하기에는 마음의 여유를 필요로 한다.'

- 피천득 〈수필〉

파격은 시원함과 여유를 보여준다. 완벽을 추구한 글에서 볼 수 없는 아름다움이다. 자유분방, 거침없는 사색, 개성과 체험이 어우러진 가운데 사색의 여지를 남겨 놓은 글, 무언가 아쉬운 듯하고, 그리움과 정감을 느끼게 하는 글이 좋다.

수필은 인생을 담는 그릇이다. 인생이란 완성과 완벽을 추구하지만 언제나 미달임을 느끼게 한다. 완벽의 당당함보다도 솔직히 미숙과 겸양을 드러내는 데서 마음이 더 끌린다.

마음을 끄는 문장

문장은 서두에서 눈길을 사로잡아야 좋다. 눈이 맞아야 속까지 알고 싶다. 자신도 모르게 끌려들어야 좋다.

논리 수필의 경우엔 시의적절한 자료를 통해 해결책을 제시한다. 첨예한 관찰력과 문제의식, 방대한 지식과 논리를 통한 해결안은 지적인 통쾌감을 안겨준다.

서정 수필의 문장은 물 흐르는 듯 자연스러운 가운데 여유와 휴식을 주어서 좋다. 읽고 나서 굳이 주제를 따질 필요도 없이 행복, 온유, 그리움, 정서, 흥미를 안겨주는 것만으로도 정답다.

서정 수필은 마음의 산책이다. 사소하고 소박한 삶의 체험을 통해 인생의 향기와 맛을 보여준다. 서정 수필은 짜맞춘 듯한 완벽한 문장보다는 자연스러운 문장에 더 끌린다. 산책길에 나선 사람처럼 샛길의 유혹에 빠져 주제에 벗어나는 행보를 보이다가 슬며시 제 자리로 돌아오는 모습에도 거부감이 없다.

논리 수필의 목적은 논리를 통한 문제해결에 있지만, 서정 수필은 마음의 산책과 토로를 통한 소통과 공감에 있다. 완벽보다 실수담이 인상에 남으며, 지식과 정보보다 개인의 체험이 더 소중하게 느껴진다. 자랑보다 성찰과 겸손에 마음이 끌리고, 교훈과 훈계보다는 반성의 자세에 공감한다. 화려한 언어 구사보다 말 없는 실천과 모습에 감명이 따른다.

논리 수필이 사회 문제에 대한 관심과 해결책을 제시하는 글이라면, 서정 수필은 인생 문제에 대한 토로와 삶의 발견과 깨달음을 보여주는 글이다. 서정 수필은 마음의 글이기 때문에 감성의 발로가 효과적이다. 편안하게 다가와야 마음이 열린다. 귀엣말처럼 속삭임이 있어야 향기가 있다. 서정 수필은 각자의 체험에서 느낀 여러 가지 감성의 색채와 감흥을 통해 인생의 맛과 의미를 담는다. 인생의 경지에 따라 체험으로 얻는 발견과 깨달음도 각양각색이기 마련이다.

좋은 수필이란 좋은 인생의 향기이며 광채이다. 인격에

서 향기가 나야 문장에서도 향기가 나는 법이다. 현대에 와서 수필인구는 많아지고 있지만, 좋은 수필이 더 귀해지는 것은 무엇을 말하는 것인가? 처세에 능하고 재주가 뛰어난 사람은 많아도, 삶의 감동을 하게 하는 사람은 찾기가 어렵기 때문 아닐까.

마음이 맑아지고 향기로워지는 서정 수필, 마음에 광명과 감동을 불러일으키는 수필을 읽고 싶다. 좋은 수필을 갈망하는 것은 마음의 목마름 때문이 아닐까. 각박한 현실 속에 마음과 감성이 너무 메말라버린 것은 아닐까.

서정 수필은 마음을 여는 글이다. 마음의 위로, 마음의 청결, 마음의 발견과 행복을 안겨주는 글이 좋다. 체험을 통한 삶의 성찰과 발견으로 깨달음의 꽃을 피우는 글이다.

서정 수필이 감성을 바탕으로 하지만 형용사, 부사의 남발로 진실과 순수가 가려져선 안 된다. 감성을 표현하는 데도 절제와 압축이 필요하다. 지나친 노출이나 과다한 표현이 아니라, 형용사를 쓰지 않으면서도 독자들의 생각 속에서 저절로 정감과 깨달음의 표정이 나타날 수 있어야 한다. 되도록 형용사와 부사를 사용하지 않고 체험의 감동을 진실하게 드러내야 한다. 화장법에서도 화장을 하지 않은 듯한 자연스러운 모습 속에 순정한 아름다움이 보여야 좋은 화장술이다.

저절로 읽히는 글은 마음의 가락을 따라 산, 강, 바다, 들판으로 나가게 한다. 필자의 마음 행로를 따라간다는 것은 마음의 동조를 말한다. 한마음이 되어서 동행하려면 무엇보다 호흡이 맞아야 한다. 진眞, 선善, 미美가 보편적인 바탕이 아닐까.

독자의 마음을 쉬게 하고 편안하게 하려면, 필자는 무리한 욕심을 부리지 않아야 한다. 문장은 간결함이 좋으며 지나친 설명으로 지루하지 않게 해야 한다. 필자가 모든 것을 다 얘기하려는 과욕을 버리고, 독자들이 생각하고 숨을 쉴 수 있게 해야 한다.

논리 수필은 독자들이 자신의 주장에 설득, 동조하게 한다. 서정 수필의 경우엔 겸허한 자세를 견지해야 하며, 고답적인 자세로 설파하고 설득시키려 들지 않아야 한다. 독자들에게 자유자재의 상상과 선택권을 부여해야 한다.

서정 수필을 읽고 필자가 할 말을 다 얘기해 버린다면, 독자로선 갑갑한 일이다. 논리 수필처럼 필자가 주장하는 문제해결을 위한 한 가지의 해답에 수긍과 동조를 얻기 위한 글쓰기여선 안 된다. 서정 수필은 독자마다 다른 감성과 상상을 불러일으켜야 바람직하다. 서정 수필에 있어선 단정적이거나 결론적인 귀결의 문장을 쓰지 않는 게 좋다. 독자들이 생각하고 판단할 수 있는 여지를 남겨야 한다.

논리 수필은 목적이 분명하고 주제가 선명하지만, 서정 수필은 개인적인 삶의 체험을 통해 인생의 완성을 꾀하는 문학이라는 점에서 성찰의 문학이자 깨달음의 문학이다.

서정 수필을 통해 독자들에게 인생의 여운과 향기와 맛을 주는 것만큼 좋은 소통도 없으리라 생각한다.

마음에 주는 글

나는 마음에 드는 글을 써보고 싶다. 글쓰기는 마음과의 대화가 아닐까. 마음은 나와 동일체이지만 나를 비춰주는 거울이다. 내가 편안하고 행복하여야 마음도 그러하다. 어떨 때는 마음과 내가 동떨어진 사이처럼 느껴진다. 마음이 이방인처럼 여겨진다.

글쓰기는 독자에게 인생의 발견과 의미를 전하고자 하는 바람일 수 있지만, 먼저 마음과의 소통을 원한다. 마음에 묻은 집착, 이기라는 때와 분노, 억울함, 수치 같은 얼룩, 어리석음이라는 먼지를 어떻게 씻어내고 닦아낼 수 있을까.

마음속에 샘을 하나 파두어서 마음을 청결히 닦아낼 수 있을까. 마음의 샘가에 향나무 한 그루 심어 놓고 싶다. 글쓰기는 마음을 닦아내어 편안을 되찾고 맑은 샘물을 솟아

나게 하는 일이다.

지식과 정보보다 체험과 자연에서 발견하고 얻은 교감과 영성에 더 끌려든다. 못나고 눈에 잘 띄지 않는 것들의 영혼과 대화하고 싶어진다. 꽃들을 좋아하지만 장미, 모란, 연꽃, 국화, 난초, 매화 등 사람들이 좋아하는 꽃들 이외에 이름 한 번 불려보지 못한 산야의 풀꽃들과 대화를 나누고 싶다.

내 마음엔 때와 얼룩과 먼지만이 아니라, 한恨이라는 못과 후회, 수치, 거짓, 부정 같은 상처와 갈등의 어지러움이 뒤범벅 되어 있다. 오랫동안 가슴에 안고 있던 부끄러움을 하나씩 벗겨내고 싶다. 마음속에 묻혀 있는 상처와 속죄하지 못한 잘못을 용서받고 싶다. 토로와 고백을 통해 마음의 못을 뽑아내고 얼룩을 씻어내 온화한 얼굴로 돌아가고 싶다. 수필 쓰기는 진실의 고백이요 순수의 토로이어서 마음을 씻어내고 치유하는 가장 좋은 처방전이 아닐까 한다.

수필 쓰기는 제일 먼저 마음에 알리는 글이다. 자신을 속일 수 없다. 먼저 내 마음에 들지 않으면 어찌 독자의 마음에 가닿을 수 있을 것인가.

마음속에 종을 하나 달아두어서 울려 보고 싶다. 어느

날 수필 교실에서 '종소리'에 대한 수필을 들려주고 감상을 물었더니, 20대의 수강생이 '한 번도 종소리를 듣지 못해 실감하지 못한다.'는 대답이었다. 놀라고 어처구니가 없어서 한동안 우두커니 서 있기만 했다. 세대 차에 따라서 체험의 미공유가 소통을 가로막고 있음을 깨달았다. 요즘 아이패드나 소셜미디어를 사용하고 있는 세대와 노년층과의 체험은 큰 차이를 보인다. 나는 종소리같이 긴 여운으로 마음으로 흘러드는 울림과 여운을 남기는 문장을 써보길 원한다.

수필 쓰기는 궁극적으로 인생 완성을 위한 하나의 방법이 아닐까. 토로를 통한 고백과 성찰과 반성, 인생의 발견과 의미 부여를 통한 깨달음, 의미 있고 가치 있는 인생길을 가르쳐 준다. 인간은 불안하고 미완성의 존재이기에 '완성'에는 이를 수 없겠지만 저마다 생각하는 완성에 가깝도록 노력해야 하지 않을까.

수필 쓰기는 마음을 씻어내므로 부정, 불안, 욕망, 불신, 걱정, 한恨, 상처를 스스로 치유하고 맑음을 되찾게 해준다. 권력자나 부자라 할지라도 마음이 불안하고 어지럽다면 결코 행복하다 할 수 없다. 비록 가난하고 알려지지 않은 농부나 수필가이지만 마음이 깨끗하고 편안하다면 행복하다고 할 수 있다.

독자가 없다면 글쓰기는 무용지물이다. 내 마음이 나를 바라보고 있기에 글을 쓰고 멈출 수가 없다. 명문을 빚어 세인들의 가슴을 울릴 수 있으면 보람이지만, 독자가 없을지라도 마음과는 소통할 수 있고, 독자와도 만날 수 있으리라는 기대로 수필을 쓴다.

수필 쓰기는 인생길을 가는 길잡이다. 금아 피천득 선생은 "나는 50대에 절필하였으니, 정 선생은 오래도록 좋은 글을 남기시오."라는 말을 남기셨다. 금아 선생의 절필 이유는 '그 전의 작품보다 더 잘 쓸 수가 없으니 쓸 이유가 없다'는 답변이었다. 나는 작가라면 자신이 쓸 수 있을 때까지 글쓰기를 멈추지 않아야 한다는 생각이다. 작가의 사명이란 글쓰기이고 생존의 의미이다.

나는 마음에 드는 글을 쓰고 싶고 마음에 들지 않으면 쓰지 않으려 한다. 어떻게 마음에 쏙 드는 글을 한 편이라도 남겨놓을 수 있을까. 마음의 연마가 부족하고 마음의 정화가 모자람을 절감한다. 마음의 경지가 신통찮아서 마음을 열지 못하다는 것을 알고 있다.

마음의 붓

 글을 쓸 때마다 느끼지만, 마음의 붓을 가지고 싶다.
 피리쟁이에게 피리 하나만 있으면 되듯이, 그림쟁이에게 그림 도구만 있으면 자유가 주어지듯이 말이다.
 마음 가락을 타고 피리를 불며 가고 싶다. 강물 따라 배에 몸을 맡기고 흘러가듯이 가고 싶다. 바람 따라 흐르고 싶다.
 잘 쓰겠다는 의식, 멋 부림이나 기교 같은 것, 모두 털어버리고 붓이 가자는 대로 마음 내키는 대로 발걸음을 옮기고 싶다.
 심심하여 누구와 말하고 싶어도 혼자일 때 가장 좋은 일은 글을 쓰는 것, 그 이상도 없을 듯하다. 무엇을 쓸까. 얼마나 잘 쓸까. 이런저런 걱정도 버리고 마음 닿는 대로 산책을 나서고 싶다. 아무런 의도 없이 행선지도 정하지 않고 내키는 대로 살 수 있음은 얼마나 좋은가.

붓 가는 대로 막힘없이 가려면 구름처럼 돼야 한다. 이기, 집착, 욕망을 내려놓아야 구름같이 떠오를 수 있다. 구름은 하늘이란 무한의 공간 속에 갖가지 형상을 만들어낸다. 자신의 소유나 형식을 갖지 않는다. 구름은 정처가 없기에 자유롭게 흐를 수 있다.

붓 가는 대로 가려면 마음이 맑아 샘물이 넘쳐흘러야 한다. 붓 가는 대로 마음을 맡기지 못함은 이기와 탐욕을 버리지 못했기 때문이다. 붓 가는 대로 자유스러움과 초탈한 모습으로 글을 써보고 싶다.

지금까지 더 잘 꾸미기 위해 의식과 형식에 얽매이고, 과장과 수사를 일삼았다. 잘 알지 못하고서 아는 체하기도 했다. 모든 것 비워버리고 무엇과도 소통하고 교감할 수 있는 마음이 되고 싶다. 풀밭에 앉아 쉬기도 하고 강둑에서 우두커니 강물을 바라보고 싶다. 해변에서 지는 저녁놀을 보고 싶다.

황토의 속살에 뿌리를 내리고 피워놓은 풀꽃들과 그 꽃들을 찾아 모여드는 곤충들, 냇물에 꼬리 치며 노니는 버들치, 미꾸라지와 풀밭 속 꿩들의 빛깔을 보고 싶다. 형식이나 구속을 떠나서 자유자재로 거닐고 싶다.

마음속에 쌓였던 한恨, 상처, 비애를 세월 속에 참아내고 달래는 동안 젓갈처럼 발효가 되었을 법하다. 속 터지는 환장할 일도 세월이 가는 동안 물러져서 참을 만하게 되었다. 또 그리움마저 생겨서 어디론가 바람 쐴 겸 나가보고 싶은 심사가 되었다.

욕심만 거두면 될 일이었음을 몰랐던 게 어리석은 일이었다. 마음속에 나를 가두고 있지 않았던가. 붓 가는 대로 가자면 마음의 경지가 필요하다. 형식과 틀을 넘어 자유로움을 얻으려면, 마음이 편안하고 고요해져야 한다.

나는 언제 붓을 갖게 될 것인가. 거침없이 제약 없이 붓을 들고서 그리운 대상과 만나고 소통할 것인가. 인격에서 향기가 나야 문장에서 향기가 난다. 덕이 있어야 문장에서 온기가 흐른다. 바깥에서 들어온 지식의 나열이 아니라, 체험의 깨달음으로 피운 꽃인 지혜로 문장을 써보고 싶다.

체험의 깊이와 깨달음 없이는 진정한 붓을 얻을 수 없다. 인생을 보는 철학과 사유의 깊이가 없다면 어찌 붓 가는 대로 쓸 수 있을까. 마음을 맑게 닦는 수련으로 인생 경지를 연마해야 마음의 붓을 얻게 되나 보다.

붓 가는 대로 쓰는 글이란, 자유자재의 필법이지만, 침묵과 절제가 있고, 인생의 발견과 깨달음을 꽃피워 놓아야 한다.

나도 마음 내키는 대로 쓸 수 있는 마음의 붓을 갖고 싶다.

2부 _ 마음을 끄는 문장

시간 혁명 속에서

 소리 없는 혁명이 진행 중이다. 인간은 시간 혁명 속에 살고 있다.

 세계 어느 곳이든지 3초 안에 무료로 의사소통할 수 있는 전자우편의 위력과 시·공간의 장벽을 허물어버린 인터넷, 어느 곳이든 통화가 가능한 휴대폰 등이 시간 혁명을 몰고 온 첨병들이다.

 시간을 얼마나 앞당기느냐가 생존경쟁의 관건이다. 이제 속도와 변화는 그 자체만으로도 시대를 지배하는 의식이 되었다.

 우리나라에 시간 혁명의 전환점을 이룬 것은 고속철도의 개통이다. 고속철도를 타면 시간 혁명을 실감한다. 시간 단축으로 편리를 얻었지만, 수많은 터널을 지나 고속으로 달리는 기차에서 풍경을 감상한다든지 사색에 잠기는 여유는 사라졌다. 산수 경치의 아름다움을 바라보며 여행한다는 기분을 느낄 수가 없게 됐다. 시간 혁명은 지역이라는 공간 개념을 없애고 삶을 시간 개념 속에 포함시켜 놓는다. 2차선 도로는 4차선이 되고 있으며, 산야나 전답이 시간의 단축을 위해 잠식되고 있다. 산들은 터널로 구멍이 나고, 유연한 곡선들은 직선으로 변하고 있다.

시간 혁명의 진행은 세 방향이다. 시간 단축, 시간 연장, 시간 보존이다. 인간은 시간 속에 태어나 시간 속에 무덤을 남기고 사라지는 일시적인 존재에 불과하지만, 인류 문명이 시작된 이래로 시간과의 적응은 끊임없이 진행되고 있다.

첫째, 시간 단축은 삶의 전반에서 일어나고 있다. '더 빨리'의 경쟁은 고속, 초속, 광속을 원하게 되었고 '시간'이 상품화, 무기화, 가치화로 치닫고 있다. 속도에 적응하지 못하는 세대는 낙오할 수밖에 없는 사회구조를 만든다. 휴대폰과 인터넷을 자유자재로 운용할 수 없는 사람은 속도에서 밀려나게 되며 소외와 역할 상실을 맛보게 된다. 지식의 축적이 없더라도 휴대폰으로 민첩하게 문자를 보내고 워드프로세서에 능통한 학생들이 교사나 성인들보다 더 적응력을 갖게 된다. 인터넷 검색작업을 통해 손쉽게 지식의 바다를 만날 수 있다. 기성세대가 주도하던 지식의 힘은 인터넷 세대인 젊은 층으로 이동되고 있다.

시간 혁명은 한국인의 기질과 맞아떨어진다. 어딜 가나 '빨리빨리'를 외치는 한국인의 심장 박동은 다른 민족보다 한 박자 빠르게 뛰고 있는지 모른다. 쫓기는 듯한 강박관념, 줄에 서 있으면 손해본다는 피해 의식은 대기선에서 기다리는 것을 참지 못하게 만든다.

세계에서 처음으로 금속활자를 발명하였던 우리 민족이 영상매체 시대에도 인터넷과 휴대폰 강국이 된 것을 보면, 우리 민족은 선천적으로 우수한 정보 유전인자를 타고 났음이 증명된다.

둘째, 시간의 연장에 대한 경쟁이다. 수명 연장을 위한 끊임없는 노력으로 인간의 유전자지도가 완성되었고, 노령화가 진행되고 수명 연장 시대를 열어가고 있다. 앞으로는 백 세 이상이 평균수명이 될 날이 머지않은 것으로 보인다. 24시간 영업장이 늘어나고, 밤낮이 없는 경쟁 시대가 되었다.

셋째, 시간의 보존에 대한 경쟁이다. 인간이 만든 모든 것들은 사라지게 마련이다. 시간의 침식으로부터 온전한 것은 없다. 시간의 흐름에도 부패하지 않고 잊히지 않는 것을 추구하려는 열망은 식지 않는다. 영상물, 디자인, 이미지, 상징물 등은 시간 속에서 살아남기 위한 노력의 산물이다.

인간은 시간으로부터 절대 자유로울 수 없다. 오늘날 우리가 겪는 고속 변화는 과히 혁명적이라고 할 만하다. 눈 깜짝할 사이에 지나가기에 미처 생각할 여유를 주지 않는다. 시간의 단축, 시간의 연장, 시간의 보존이 부분적으로 이뤄진다고 할지라도 근원적으론 바꿀 수 없다.

시간의 혁명이 우리 행복지수를 높여줄지 추락시킬지 알 수 없는 일이다. 시간 혁명은 무엇을 바꾸고 변혁시킬 것인가? 이것은 낙관일 수도 비관일 수도 있다. 시간 혁명은 과연 무엇을 뒤엎을 것인가? 어디로 향해 달려가는가?

미처 의식하기도 전에 고속으로 진행되는 삶 속에서 우리는 인생의 성찰과 의미 부여도 없이 거대한 정보화 시스템과 대열에 휩쓸려 이대로 스쳐 가고 사라져도 좋단 말인가. 고속철도는 시간의 단축은 있지만 순식간에 스쳐 가서 감상이나 음미의 여유는 주지 않는다. 순식간에 지나가는 시간 혁명 속에서 삶을 그렇게 보내야 할지 걱정이다. 좀 더 사색하고 성찰하고 침묵할 시간이 필요하다.

자신의 삶을 들여다보고 자연의 아름다움을 발견하려면 느린 속도로 한적한 길이나 구舊도로로 가 볼 일이다. 혼자 걷는 사색의 산책로가 필요하다. 앞으로만 고속 질주할 게 아니라, 스쳐 가는 풍경을 눈여겨보고 혼자서 명상에 잠길 시간이 필요하다. 시간의 혁명 속에서 허우적거리며 인생을 맡길 게 아니라, 사람마다 주어진 삶에서 스스로 인생의 의미를 꽃피울 시간을 가져야 한다.

수필과 진경산수

가끔 수필이 작자의 체험과 사실에 근거하여 쓴다는 것 때문에, '시, 소설, 희곡, 동화 등의 픽션과는 다르다는 점에서 창작일 수 있는가'라는 질문을 받게 된다.

산수화는 상상으로 그리는 경우와 실물을 보고 그리는 경우가 있다. 회화도 추상화와 구상화로 나눌 수 있다. 추상화는 작가의 상상을 토대로 한 형상화 작업이라면 구상화는 실경을 토대로 한 형상화 작업이다.

문학에서 수필은 진경산수에 속하고 구상화에 가깝다. 진경산수나 구상화도 실물을 토대로 그리는 작업이라 해도 작가의 연륜, 경지, 표현력, 개성, 상상력에 따라 형형색색 층층만별의 모습을 보여준다.

사진의 경우도 실물과 현장을 포착하여 찍어내지만, 작가의 사상, 철학, 경험에 의한 삶의 총체적인 관점과 미의식에 따라 천차만별의 표현을 드러낸다. 다시 말하면 실경을 토대로 그리지만, 자신의 체험을 결부시키고 자신만의 상상력과 감정을 불어넣어 그린다. 본 대로만 그리는 것이 아니라, 체험과 상상을 통한 재구성을 통해 새로운 모습으로 형상화된다.

수필 역시 사실과 체험을 바탕으로 인생의 발견과 의미를 담아낸다. 사실을 바탕으로 하지만, 작자의 생각과 느낌을 보태어 독자적인 개성으로 빚어낸다. 사실을 쓴다면 기록에 가까울 것이지만, 사소한 삶의 체험에 불과할지라도, 작자만의 안목으로 생각과 감정을 불어넣어 삶에 대한 의미를 부여하고 가치를 창출하고 아름다움을 발견해 낸다.

수필이 픽션이 아니라는 이유만으로 창작이 아니라는 논리는 이치에 맞지 않다. 수필은 사실과 체험을 바탕으로 상상과 느낌으로 새로운 세계를 보여준다. 처음부터 허구를 통해 진실에 접근하려는 픽션 문학과는 달리 수필은 체험을 통해 진실에 접근하는 방식을 취하고 있다. 픽션 문학은 '허구'임을 전제로 한 것이기에 흥미와 상상에 매달리지만, 수필은 '사실'과 '체험'을 전제로 하기에 독자들에게 진실과 순수를 바탕으로 신뢰와 친화감을 주며, 인생 경지와 개성으로 빚어내는 사유와 정감을 느끼게 한다.

한 모델을 두고 한 공간에서 여러 명의 화가가 그린 회화나, 한 절경지에서 수많은 사진작가가 찍은 사진을 모아놓고 보더라도, 똑같은 작품이 나오지 않는다. 왜냐하면 작가는 사실을 바탕으로 그리지만, 자신의 인생 체험과 생각과 감정을 불어넣어 표현하므로 모두 다른 것이다. 신라 에밀레종을 그대로 묘사한다고 해도, 실물 자체의 모습일 수 없다. 천년의 세월과 종소리의 깊이를 표현하기 어려운 까닭이다.

수필은 현대에 가장 대중적인 문학 장르이다. 영상 시대를 맞아 인쇄 매체의 총아였던 문학이 차츰 퇴조의 기색이 역력한 데도 수필 인구만은 증가세를 보인다. 바로 사실과 체험을 바탕으로 개성적인 인생의 발견과 의미를 담고 있기 때문이며, 이는 '허구'를 전제로 한 문학과의 차별화를 보여서이다. 이런 장점과 타 장르와 용이한 결합성을 지녀서 21세기의 중심문학의 자리를 차지할 것으로 전망되기도 한다.

수필이 창작 문학이 아니라는 논의는 유치한 발상이다. 진경산수나 구상화, 사진 작품이 창작이듯이 수필도 창작이다. 사실과 체험을 바탕으로 하지만, 개인의 체험은 각기 다르며 생각과 느낌과 인생 또한 다르기 때문에 그 형상화는 창작의 범주에 속할 수밖에 없다.

픽션 문학은 '허구'에 바탕을 두기 때문에 인격과 작품과는 일체를 이루지 않아도 무방하다. 사기꾼, 거짓말쟁이라도 독자들의 구미를 당기는 소설을 쓸 수도 있다. 인격과 상관없이 상상력을 동원해서 잘 지어내기만 하면 좋은 소설이 될 수 있다. 그러나 수필의 경우는 '사실'을 바탕으로 하므로 인격과 작품이 완전 일체를 이루지 않으면 안 된다. '사실'과 '진실'을 바탕으로 하므로 작품에 책임을 져야 한다.

수필은 인생을 담는 그릇에 비유된다. 좋은 인생이어야만 좋은 수필을 쓸 수 있는 조건이 된다. 인생이란 악기가 좋아야 수필이란 음률이 좋아진다. 수필은 누구나 쓸 수 있다는 장점이 있는 대신, 좋은 수필을 발견하기가 어렵다. 훌륭한 인생, 좋은 인간을 찾기가 어렵기 때문이다. 수필은 상상으로 그린 산수화가 아닌 실경을 토대로 자신만의 발견과 해석과 미학을 담은 진경산수화이다.

그림을 수필로 쓰다

 수필가 ㄱ 씨의 전시회 안내장을 받고도 개막식에 참석하지 못했다. 5일이 지나서야 남산 기슭에 있는 〈문학의 집〉 전시장을 찾았다. ㄱ 씨는 피천득 선생께서 살아계실 적에 댁에 자주 찾아가 얘기 상대가 돼드리기도 할 만큼 다정다감한 여성이다. 한 번은 피천득 선생께서 ㄱ 씨를 통해 계간 수필잡지 〈선수필〉에 큰돈을 보내오셨다. 광고비라는 명분이었으나, 잡지 발간의 어려움을 아시고 보내주신 것이다. 두고두고 그 은혜를 잊을 수 없다.

 수필가로서 ㄱ 씨의 작품 활동이 뜸하다고 여겼더니, 그림 공부를 한다고 했다. 미술 공부 5년 만에 첫 전시회를 열게 되었다. 그녀의 작품들과 만났다. 5년의 배움에서 터득한 조형 세계라곤 믿어지지 않는다. 초기엔 대부분 구상부터 시작하게 마련인데, 뜻밖에도 추상이다. 모자이크 기법처럼 분할된 작은 사면체들이 사방으로 어우져졌다. 그 속에 세모, 네모, 원, 반원들이 청, 녹, 분홍 등의 색조로 함께 어우러지고 있다. 첫눈에 부드럽고 은은해 보인다. 눈에 거슬림이 하나 없고 하나씩 분할된 면과 형태, 색깔들이 존재의 시·공간으로 만나서 마음의 대화를 나누며 해후하고 있다. 마치 신비와 동경의 눈을 열게 하던 밤하늘의 우주처럼 보인다. 별빛이 이미 몇 광년 전에 떠나 이 순간에 만나는 것처럼…. ㄱ 씨의 그림들은 분할된 작은 면들이 이어져 영원의 우주로 확대되고 있다.

그가 내놓는 빛깔의 영롱함은 들뜨거나 과장이라곤 찾아볼 수 없는 평화와 교감과 생명률에 젖어 있었다. 앞과 뒤가 따로 없이 액자를 어느 면으로 걸어 놓아도 좋을 화면 구성을 취하고 있다. 우주의 세계는 시·공간과 사방이 존재하지 않는 무한의 세계이다. 천의무봉의 세계와 닿아 있는 듯했다. 대립, 상반, 마찰, 갈등의 모습이 아닌 평화, 조화, 지혜, 온화, 깨달음의 세계를 지향하고 있다.

ㄱ 씨는 자신의 작품에 대해 "즐거움을 느끼면서 그렸다."라고 했다. 60평생의 무게와 깊이에서 뿜어 오른 미의식의 분수를 본다. 침묵과 고뇌의 아픔 속에서 성숙시

킨 달관과 유유자적의 행복에서 피어난 깨달음의 조형 세계이다.

ㄱ 씨는 상형문자를 조형 세계로 표현한 작품도 선보이고 있다. 상형문자는 고대 문명국가인 중국, 이집트 등에서 사용하던 문자로 자연물의 모습을 축약시켜 만든 문자이다. 하늘, 땅, 해, 달, 나무, 물고기 등의 특성을 단순화시켜 놓은 문자이다. 상형문자는 첫눈에 무엇인지를 알 수 있게 사물의 형체를 기막히게 디자인해 놓은 시각 문자로써 존재의 모습과 미학을 여실히 보여준다. 글자마다 살아 숨 쉬는 듯한 생명력을 간직하고 있다. 또한 해와 나무, 달과 여인, 강과 물고기가 어울리면 무한의 상상력과 신비를 보여주기도 한다. 상형문자를 조형 세계로 이끌어 광대무한의 생명질서와 신비 세계를 보여준다.

ㄱ 씨가 이번 처녀 작품전에서 보여준 테마는 '지금, 여기'이다. 순간의 발견과 의미를 통해 영원 세계를 제시해 준다. 모든 삶과 생각들이 순간 속에 이뤄지지만, 영원의 일부이며 모습임을 보여준다. ㄱ 씨는 '수필을 그리다'는 말을 내세우고 있다. 처녀 전에 나온 역작 중에서 눈에 익은 한 작품이 있다. 화면 속에 75개의 사각형이 박혀 있다.

청, 녹, 주황 색조가 어울려 전체적으로 은은하고 신비하기도 하다.

2013년 계간 수필지 〈선수필〉은 창간 10주년을 기념하는 『한국현대수필 75인선』을 발간했다. ㄱ 씨가 표지화를 맡게 되었다. ㄱ 씨는 75인의 수필을 읽고 나서, 75개의 사면체를 화면 속에 배치했다. 한 개씩의 사면체마다 한 수필가의 이미지와 수필 세계를 압축하여 시각언어로 형상화해 놓았다. 75인의 수필들이 ㄱ 씨의 작품을 통해 그림으로 만나게 된 것이다. 이 그림을 보고 있으면, 수필가들의 삶과 마음을 대하는 듯하다. 정감과 그리움으로 닿아오는 세계, '지금 여기, now & here'는 찰나에서 영원을 발견하는 자각의 세계가 아닐 수 없다.

"지난 몇 년 글감이 끊겨 글을 쓰지 못한 채 살면서 어둡고 쓸쓸한 날이면 붓을 잡고 무엇인가를 그렸습니다. 비로소 자유로움이 무엇인지를 경험하는 시간이었습니다. 붓을 들어 마음을 따르다 보면, 어느새 어떤 조형에 이르게 됩니다."

ㄱ 씨가 수필을 쓰지 못하고 그림을 그리게 된 사유이다. 그래서 전시회의 타이틀이 '수필을 그리다'가 된 것이

다. 그의 작품은 수필의 조형화라고 하지만, 자신의 감성과 마음을 자유자재로 나타내고 감성의 색을 입히고 교감의 손길을 뻗칠 수 있는 '조형 세계'의 새로운 전개를 보여준다. 마음의 독백, 인생 고백을 수필로써 보여주던 표현 방법에서 이제는 그림으로써 드러내는 표현 방법을 취하고 있다. 태생적 감성을 자유자재로 드러내는 표현양식으로써 문자언어가 아닌 조형 언어와 호흡을 맞추는 법을 자연스레 터득하고 있음을 본다. 화가로서도 수필을 잘 쓰던 천경자 화백 같은 이도 있었다. 언젠가 ㄱ 씨가 더 성숙한 수필을 보여주길 바란다.

  ㄱ 씨의 그림을 보고 '그림을 수필로 쓰다'라고 한 까닭을 독자들은 알 수 있으리라 생각한다.

3부

한마디

나팔꽃 일생

나팔꽃은 한 가족처럼 느껴진다.

아침에 일어나면 먼저 아파트 베란다에 나가 나팔꽃과 인사를 나눈다.

붉은 꽃과 파란 꽃이 몇 송이씩 피었는지 살피는 게 하루의 첫 일과가 되었다. 나팔꽃과 대면하면서 청신한 아침을 연다. 하루를 신성하게 맞는 순간이다.

어머니는 나팔꽃을 사랑하셨다. 나팔꽃을 영접하는 일로 하루를 맞으셨다. 어머니가 떠나신 지 십 년이 지나고, 나도 아침이면 나팔꽃을 영접하며 인사를 나눈다. 나팔꽃을 보면 어머니의 얼굴이 떠오른다. 나팔꽃은 지금 이 순간의 소중함을 알려준다. 아침의 설렘과 의미를 가르쳐 준다.

나팔꽃은 하루살이 꽃도 아닌, 아침의 꽃이다. 아침을 깨우고 뭇 생명체들을 하루의 출발선에 서게 한다. 어제는 이미 지나간 과거이며, 내일은 아직 닥쳐오지 않은 미래일 뿐이다. 나팔꽃은 '하루'가 아닌 '아침'이란 말만을 알고 있다. 지금 이 순간, 존재의 의미와 깨달음의 꽃을 활짝 피워내고 있다.

사람들이 자리에서 일어날 무렵, 나팔꽃은 벌써 절정에서 깨달음의 나팔소리를 울리고 있다. 아침 서기를 받고 집중력을 기울여 삶의 완성과 극치를 피워낸다. 삶이란, 오늘 지금 이 순간의 자각과 깨달음으로 피워내야 하는 한 송이의 꽃임을 가르쳐 준다.

나팔꽃은 하늘을 향해 공중으로 떠오르는 듯 마치 오선지의 음표들처럼 넝쿨에 달려 있다. 공중으로 나르며 나팔을 부는 듯하다. 한 자리에 피어서 질 때까지 꼼짝하지 않는 꽃들과는 달리 하늘을 울리는 시원한 음률과 함께 생동감을 지닌 꽃이다.

나팔꽃만큼 기다려지는 꽃도 없다. 다른 꽃들은 피면 그 자리에 있다가 시들고 말지만, 나팔꽃과 만남은 한순간에 불과하다. 오로지 지금 이 순간의 최선과 성실로 삶의 꽃을 피워내야 함을 가르쳐 준다. 붉고 파란빛의 꽃송이가 섞여서 공중으로 치오르는 모습에서 생기발랄의 청신함을 느끼게 한다.

    나팔꽃은 내일에 기대지 않고 지금 이 순간의 모습과 완성을 꽃피워 낼 것을 가르쳐 준다. 생전에 어머니께서 나팔꽃을 심으시고 사랑하였던 까닭은 내일만을 기다리지만 말고 하루의 발견과 깨달음을 꽃피워내라는 마음을 전하려는 게 아니었을까. 나팔꽃을 보면서 어머니의 모습을 떠올려 보곤 한다.

    성스러운 아침, 나팔꽃을 보면서 오늘 이 순간 나도 어떻게 깨달음의 나팔꽃을 피워보나 생각한다. 내일을 쳐다보지 않고 나팔꽃처럼 바로 이 순간에 삶의 의미를 꽃피워내고 싶다.

풀밭

 나는 풀밭이 좋다. 풀밭에 앉으면 평온해진다. 키대로 자라난 무수한 풀들의 이름을 일일이 알 수 없다. 그들은 이름조차 원하지 않을지도 모른다. 눈여겨 보아주고 기억해 주지 않아도 아무렇지 않도록….

 풀들은 무명의 꽃을 피운다. 콩알만 한 것도 있고, 더러는 좁쌀보다 작은 꽃들도 있다. 색깔이 화려하거나 눈에 잘 띄지도, 향기도 진하지 않다. 풀꽃에 어리는 담박한 빛깔, 있을 듯 없을 듯한 향내를 알아차릴 수 없다. 무명에 어울리게끔 그만큼의 빛깔과 향기를 지닐 줄 아는 소박한 풀꽃들이다.

 풀잎과 풀꽃들을 들여다본다. 풀대, 잎사귀, 꽃봉오리, 씨앗, 어느 하나 예사로운 모습이 아니다. 어느새 쑥쑥 자라는 풀대, 파문처럼 번진 잎사귀들의 무늬, 수염뿌리의 모습은 눈에 잘 띄지 않으나 수수하고 정교한 아름다움을 지니고 있다.

풀밭에 앉으면 그냥 한 포기 풀이 되고 싶다. 풀들은 나이테가 없다. 일 년밖에 안 되는 삶이지만, 햇살 속에 씨앗으로 여문다. 이름 없는 풀이 되어 풀밭에 안기고 싶어진다. 비와 바람 속에 흔들리면서 굳건히 뿌리를 내리고 싶다.

풀밭은 생명의 원천이다. 생물들의 양식이 되고 온갖 벌레들의 품이 된다. 풀밭은 뭇 동물들을 먹여 기르는 모성의 모습을 지녔다. 공들여 키운 꽃보다 어여쁘지 못할지라도 무명의 풀꽃들이 모여 꽃밭을 이룬다.

풀밭에 나와 앉으면 시간도 잠시 흐름을 멈추는 듯하다. 생각들이 뭉게구름처럼 피어오른다. 바람이 풀잎에 속삭이는 말을 듣지 않아도 대충 알 수 있을 듯싶기도 하다. 풀밭에 앉으면 보이지 않던 세계가 보이고, 무한한 상상력이 깃을 펴곤 한다.

풀잎에 맺힌 이슬을 보면 마음이 맑아진다. 아침이면 풀잎들은 물방울 구슬을 달고, 청초하고 순결한 모습을 보여준다. 이슬 젖은 풀밭 위를 맨발로 걷고 싶어진다. 신발과

양말을 벗어들고 걸어 본다. 맨발에 닿는 신비롭고 상쾌한 촉감, 간지러우면서도, 전신이 맑아지고 새로워지는 생생한 느낌, 이 청량한 느낌을 어디서 얻을 수 있단 말인가.

풀밭은 평화로운 듯하나 생존경쟁의 마당이다. 어디서 뱀이나 독벌레가 나타날지 모른다. 서정과 꿈, 빛의 모습을 지녔지만, 태풍과 뇌성을 맞아야 하는 살벌한 공간이기도 하다. 삶의 터전이란 어느 일면만을 지니고 있지 않음을 보여준다.

풀밭의 아늑한 품에 안겨 풀들의 세계에 안기고 싶다. 풀밭에 드러누워 스르르 잠자고 싶다. 풀들은 가장 약하게 보이나 가장 강하다. 풀들의 일생은 일 년밖에 안 되나, 사라지지 않는 생명력을 지녔다. 풀들은 무명이나, 영원히 무성하다.

한마디

팔만대장경을 단 세 자로 말한다면 '깨달음'이라 할 것이고, 두 자로 말한다면 '마음'이라 할 것이고, 한 자로 말한다면 '심心'이라 할 수 있다. 사찰에서 아침, 저녁 예불을 드릴 때, 법고를 '마음'을 그리면서 치는 이유도 거기에 있다. 기독교 성경의 내용을 한 낱말로 말한다면 '사랑'이 아닐까.

남겨진 모든 문학작품을 한 문장으로 집약시켜 놓으면 어떻게 될까? '사람이 나서 살다가 죽었다.'쯤 될 것이다. 사람의 일생은 하나씩의 '이야기'라 생각한다. 태어날 적에 한 이야기가 시작되면서 죽음에 이르러 얘기가 끝난다. 이야기의 작가와 주인공은 본인이다.

그가 훌륭하고 위대한 사람이라면, 그의 삶의 실체인 이야기가 훌륭하고 위대할 것이며, 보잘것없다면 삶과 이야기 또한 그러리라 생각한다. 예수, 석가, 공자, 마호메트 등

성인들은 인생을 통해 보여준 기막힌 이야기꾼이 아닌가.

  삶이란 시간 속에 흔적 없이 사라지게 된다. 많은 것을 남겨 기억되길 원하는 것은 공허한 생각이다. 모든 것들은 축약되고 한마디로 압축된다. 한 가지의 인상과 모습으로도 남을 수 있다면 천만다행이다. 한 가지, 한마디면 족하다.

  일생 전체를 하나로 뭉쳐내는 일이 소중하다. 과연 무엇을 이루려고 살아왔으며, 자신을 대변할 것은 무엇인가. 모든 게 시간이 지나면 흔적 없이 사라져버릴 게 아닌가. 자신만을 위한 것이 아니라, 남들에게도 삶의 가치와 의미를 전해주는 나의 한 가지, 한마디는 무엇인가.

  살아가면서 남보다 더 많은 것을 가지려 하고, 더 많은 말을 하고 싶어 한 것이 부끄러워진다. 자신의 삶을 뭉쳐서 내놓을 단 한마디 말이 없음을 통감한다. 일생을 어떻게 '한마디'로 축약해 낼 수 있을까를 생각한다.

대밭을 바라보며 차 한잔

대밭을 바라보며 차를 마시고 싶을 때가 있다.

바람이 댓잎을 스치는 소리를 들으면서 차 한잔을 마실 사람이 있으면 좋겠다.

고교 시절 친한 벗이 있었다. 지리산 기슭에 있는 고가古家인데, 집 뒤엔 대밭이 있었다. 벗의 집에서 며칠 지내면서 나를 경이롭게 만든 것은 대밭이었다. 하늘 높이 쭉쭉 일직선으로 치솟은 대나무들이 빽빽이 들어서서 집을 호위하며 울타리가 돼주고 있었다. 대숲을 뚫고 들어가면 세상과는 딴판이었다. 푸른 정적이 쌓여 있는 대숲의 공간은 대나무들이 내뿜는 빛깔과 기운으로 가슴까지 서늘하게 적셔 주었다.

세상에 많은 집이 있지만 집 안에 넓은 대밭을 품고, 산과 한 덩어리가 되어 있는 집이 더없이 포근하고 좋았다.

도심지의 호화 아파트나 주택지라고 한들, 지리산 한 자락에 사철 푸른 대밭을 보며 살아가는 운치와 맛을 어찌 비교할 수 있으랴 싶었다. 벗의 고가는 자연 속의 포근한 안식처였다. 대청에 앉거나 누우면 마음을 서늘하게 해 주는 대밭이 눈에 들어왔다.

   대나무는 언제나 곧고 푸르다. 대숲은 강직하고 곧은 기개만이 아닌, 청한淸閑의 미美와 서정을 지녔다. 댓잎에 이는 바람 소리는 그리운 이가 다가오는 발자국처럼 정겨운 여운을 준다. 대숲이 있는 기와집 한 채는 자연 속에 함께 숨 쉬며 교감하게 해준다. 집 안의 대숲은 정서적 삶의 공간이요, 맑은 시심詩心이 샘솟는 곳이기도 하다.

  바람은 구름을 몰고
  구름은 생각을 몰고
  다시 생각은 대숲을 몰고
  대숲 아래 내 마음은 낙엽을 몬다

  밤새도록 댓잎에 별빛 어리듯
  그슬린 등피에는 네 얼굴이 어리고

밤 깊어 대숲에는 후둑이다 가는 밤 소나기 소리
그리고도 간간이 사운대다 가는 밤바람 소리

어제는 보고 싶다 편지 쓰고
어젯밤 꿈엔 너를 만나 쓰러져 울었다
자고 나니 눈두덩엔 메마른 눈물자죽
문을 여니 산골엔 실비단 안개
　　　　　- 나태주의 시 「대숲 아래서」 중에서

　대나무처럼 일상에서 요긴하게 다용도로 쓰인 나무도 없을 성싶다. 죽마를 함께 타면 평생 잊지 못할 벗이 되며, 연을 만들어 하늘 높이 띄우면 우주와 영원을 날아다니는 꿈으로 변한다. 부채를 만들면 서늘하고 운치 있는 바람과 만나고, 낚싯대로 사용하면 고기를 잡는 도구가 된다. 대금을 만들어 불면 하늘 끝까지 은은히 퍼져 흐르는 음악이 되고, 여름이면 시원한 바람을 맞아들일 수 있는 주렴이 된다. 집 안에 요긴하게 쓰일 소쿠리가 되고, 젓가락이 되고, 대통 그릇이 되기도 한다.

3부_ 한마디

평화로울 땐 놀이기구에서부터 조리기구, 악기, 낚시 도구가 되고, 전쟁 때엔 무기로써 화살이 되고 창이 되기도 한다. 대나무의 죽순은 식용으로도 귀하게 이용되고 있다.

대나무의 내부는 비어 있다. 예로부터 그 빈 공간이 신의 매체라 생각하여 대나무에는 악귀를 쫓아내는 힘이 있다고 믿어 왔다.

대밭을 바라보며 대청에 앉아 죽엽차를 마시면 어디선가 대금산조가 들려올 듯하다. 여름 햇살도 대밭만은 뚫지 못한다. 무더운 날, 대청에 앉아서 대밭을 바라보며 죽엽차를 마시는 정한靜閑의 맛을 그 누가 알 것인가.

닭이 있는 풍경

고교 시절, 산촌에 있는 친구 집에서 사흘을 보낸 적이 있었다.

새벽에 장닭이 "꼬끼오-" 날이 밝았음을 알리는 소리가 어찌나 귀에 쟁쟁한지 눈을 뜨고 방 안을 살펴보았다. 한지 방문엔 아직 새벽빛이 물들지 않았다. 아침이면 어미 닭이 병아리를 데리고 마당에서 먹이를 찾아다니는 모습이 평화롭기만 했다.

나는 닭띠이나 닭에 대해서 잘 알지 못했다. 평생 닭을 그려온 동갑내기 화가가 있어서 그 이유를 물은 적이 있다. 닭은 볼 때마다 다른 모습과 표정을 보여 신비롭다고 했다. 닭 볏, 눈, 부리, 목, 날개, 발에 이르기까지 시시각각으로 변하는 모습은 어떤 동물과도 달라서, 그리지 않곤 배기지 못할 매력이 있다고 했다.

요즘엔 시골에 가 보아도 마당에 닭들이 유유히 먹이를 찾는 모습을 볼 수가 없다. 닭들은 집단 목장에서 사육되고 있다. 조류 독감이 퍼지면 일시에 수만 마리의 닭들이 맥없이 죽고 말아 사육 농가는 큰 낭패를 당하곤 한다. 농촌 집마다 닭을 키우던 시대는 이제 지나갔음을 느낀다.

닭은 새벽을 깨우고 아침을 연다. 사람들이 잠에 취해 있을 때, 홀로 깨어나 무엇을 말하려는가. 닭의 눈은 침묵 속으로 흐르는 빛을 보고 있다. 닭의 귀는 시간의 숨소리를 듣고 있다.

닭은 빛과 시간을 감지하는 예지력과 영감으로 세상을 깨운다. 닭은 기상 나팔수이다. 어둠 속에 울리는 닭의 목소리는 종소리의 파장처럼 떨려 나온다. 신비한 소리이고 놀라운 그 절대음은 분수처럼 뿜어 올라 사방으로 번져간다. 빛의 말이고 침묵의 잠언이다. 닭은 예언자이고 선언자이다.

닭은 언제나 오늘의 삶을 말한다. 과거는 이미 지나간 것이고 미래는 아직 닥쳐오지 않았다. 생명체는 오로지 오늘을 살 뿐이다. 오늘이 눈앞에 있음을 말하고, 오늘을 통해서만이 삶을 꽃피울 수 있음을 전한다. 닭은 위대한 철학자이고 시·공간을 통찰하는 관찰자이다.

  닭은 화려한 관을 썼다. 그 관은 번쩍거리지 않고 힘을 과시하지도 않는다. 고독과 명상의 관이다. 닭은 시대를 선도하는 책무를 안고 있음을 안다. 어떠한 경우에라도 새벽을 알리고 정의를 부르짖는다. 가장 어려운 것은 죽는 한이 있더라도 할 말은 하는 것이며, 하지 말아야 할 말은 침묵하는 것이다. 닭은 새벽의 시인이고 진실의 증언자이다.

  누가 닭처럼 신선하고 정확하게 시간과 상황을 알려주었던가. 새 아침이 왔음을 상기시켜주는가. 가슴속으로 흘러들어 심장 박동이 되고 기지개가 되는 말…. 어둠을 걷고 새벽을, 광명의 날이 밝았음을 알려주는 것만큼 더 큰 선물이 있겠는가. 닭은 새벽을 알리는 전언자이다. 어둠과 빛, 정과 동의 교차를 선언한다. 선각자이고 실천자이다. 누가 어둠 속에서 새벽을 알려주고 하루가 시작됨을 말하는가.

  닭의 발은 갈쿠리처럼 날카롭다. 근면하고 성실하다. 자신의 힘으로 먹이를 구하며 남에게 의존하지 않는다. 봄철에 어미닭이 병아리를 데리고 나들이 하는 장면은 그지없이 천진스럽다. 노란 병아리떼들이 어미닭의 뒤를 따라 먹이를 찾는 모습, 개나리와 장다리꽃의 샛노란 빛깔들이 함께 어울려 밝고 부드러운 봄의 숨결과 체온을 느끼게 한다.

시골이나 5일장에서 닭싸움이 구경거리로 등장하기도 했다. 닭이 싸우는 광경은 검투사들이 사생결판을 내는 것과 흡사하다. 부리와 발가락으로 사정없이 쪼고 후비며 싸우는 모습은 처절하다 못해 몸서리쳐진다. 온몸의 털들이 산산이 휘날리고 눈은 날카롭게 불타며 상대방을 노려보고 있다. 틈만 보이면 놓치지 않고 달려든다. 투지와 살기가 등등하고 어느 쪽도 물러서지 않는다. 닭은 평화를 상징하는 동물이지만 싸움엔 물러서지 않는 용사이다.

우리 민족에게 닭은 어떤 상징성을 띠고 있을까. 우주와 자연 질서에 대한 예측과 미래를 여는 선각자의 예지, 평화로운 생활의 정서, 근면한 생활모습이다. 평범하면서도 비범하고, 지상에 존재하면서 하늘과 통하고, 일시성을 가진 동물에 불과하지만 영원을 노래하는 신비를 지니고 있다.

아침의 의미

지리산에서 아침의 표정을 본다. 여명이 점점 환해지면서 새소리가 들려오고, 새벽을 깨우는 닭 소리에 이어, 개들이 덩달아 컹컹 짖어댄다. 빛과 소리의 절묘한 만남으로 아침이 밝아오고 있다.

아침 표정처럼 청신하고 신비한 모습도 없으리라. 만물이 깨어나고 있다. 산과 수목들이 아침을 맞는 모습들을 바라본다. 생명체들은 왜 어둠 속에 잠들어야 하는지 알 듯하다. 광명을 맞고 새 출발을 위해선 눈을 감고 깊이 잠들어야 한다.

울창한 숲이 깨어나고 있다. 개울물은 산의 만년 침묵을 소리로 풀어내면서 흘러간다. 산은 아침의 명상을 물소리로 흘려보내고 있다. 대지와 숲엔 이슬이 내려 촉촉하다. 다람쥐들이 나무에서 내려와 눈망울을 굴리고 있다. 바람은 나뭇잎을 스치며 덜 깬 새들의 날개를 흔들어댄다.

도시의 아파트에 살면서 아침의 얼굴을 보지 못한 채 살아왔다. 빗소리를 듣지 못한 채 살아왔다. 새소리를 들어보지도 못했다. 나뭇잎을 스쳐오는 바람과도 만나지 못하였다. 닭이 홰를 치는 소리도 듣지 못하였다.

인간은 하루씩을 사는 존재가 아닌가. 나무들은 햇살과 바람과 빗방울을 받아 모든 힘을 기울여 꽃과 열매를 맺으려고 심신의 노력을 기울인다. 나는 숲속의 생명체들이 체득하는 아침의 발견과 순간의 깨달음을 모른 채 살아오지 않았던가.

산중에서 아침을 맞으며 깨닫는다. 하루가 어떻게 시작되는지, 아침은 어떻게 오는지를 빛의 표정으로 알려 준다. 하루가 열리는 산속 모습들을 바라본다. 하루는 삶의 무한 영속이 아니라, 다시 만날 수 없는 의미의 순간임을 느낀다.

인간은 하루씩을 맞으며 살아가는 하루살이 인생이 아닌가. 아침마다 새 출발선에 서서 하루하루의 소중함을 삶의 의미로 채우고 싶다. 떠오르는 아침 해를 바라보며 찬란한 하루를 맞고, 지는 해를 바라보며 장엄한 하루를 거두고 싶다.

아름다운 배려

ㅎ 씨는 마산 교도소의 교화위원으로 교도소 교회에 나가 찬송가를 불러주고, 재소자들을 상담해 주는 일을 20년 넘게 해오고 있다. 몇 번의 전과가 있는 중죄인들을 대상으로 상담하는 일은 쉬운 일이 아니다. 알고 보니 ㅎ 씨는 마산 교도소 재소자들의 애인이었고 누이였으며 어머니였다.

모난 데라고는 한 곳도 없이 큰 바위가 파도에 깎여 동글동글한 몽돌이 된 것처럼 부드럽고 온유했다. 자존, 과시, 탐욕, 시기, 질투, 이기, 자만…. 이런 모서리를 스스로 깎아 마음을 유순하게 만들 수 있었던 것은 살아오면서 얻은 패배, 좌절, 고통, 한탄, 비애를 겪으며 참회와 깨달음을 통해서였다고 했다.

남편에게 버림받고 팽개쳐졌을 때, 죽음을 생각하기도 했지만, 어느 목사님의 권고로 교도소 교회에 나가 재소자들을 위해 찬송가를 독창한 것이 교도소와 인연을 맺게 된 동기였다.

ㅎ 씨는 상담하면서 충고라든지 조언 같은 것은 한마디도 하지 않았다. 마음을 편안히 만들어 무슨 말이든지 말머리를 꺼내게 하고, 재소자가 울면 같이 울고, 기뻐하면 같이 기뻐하면서 상대방의 얘기를 하나도 놓치지 않고, 애인이나 어머니처럼 들어줄 뿐이었다.

자신은 말하지 않고 남의 얘기를 내 일처럼 귀담아 들어주는 데 상담의 비법이 있었다. 어떤 결론을 내리는 법도 없었다. 재소자들은 자신의 인생 역정을 들어주는 것만으로 감사하게 여기고, 반성과 참회의 눈물을 보이는 것이었다.

인생 교훈이나 잘못을 지적하는 일은 불필요한 일이었다. 몇 시간이라도 울분과 통한의 가슴을, 참회의 뜨거운 눈물을 보면서 함께 울며 포근히 껴안아 주는 부드러운 품을 지니고 있었다.

ㅎ 씨는 온유하고 진지했다. 진실하고 눈물이 많았으므로 말없이 마음을 포용했다. 15년간이나 재소자들을 위해 찬송가를 독창했는데, 이때만은 하느님이 특별히 은총의

목소리를 주셔서 높고 고운 소리가 자신도 몰래 가슴속에서 솟아오른다고 했다. ㅎ 씨로 인해 기독교인은 아니지만, 나도 선교 회원이 되어서 교도소 재소자들을 위한 봉사 사업에 마음을 보태고 있다.

어느 날 저녁, 오래간만에 ㅎ 씨를 만나서 얘기하던 중 눈에 눈물이 주르르 흘러내렸다. 까닭을 물어보았다. 아침에 ㅍ 장로가 별세하셨다는 것이다. 그는 82세로서 마산교도소 결핵 환자 재소자들을 위한 봉사활동을 해 오신 분이셨다. 환자들의 약값, 무연고 재소자들의 옷과 음식 차입, 퇴소 후의 자활을 위한 준비, 직업 알선과 갈 곳 없는 사람들의 뒷바라지 등을 맡아 왔다.

노쇠하여 활동이 여의치 않자, 후계자로 ㅎ 씨를 끌어들여 봉사활동을 함께해왔기에 너무나 절친한 사이였다. 어느 재소자를 선교하여 신학대학까지 마치게 했고, 개척교회를 세워서 입당예배를 올리게 되어, 두 사람은 기쁜 마음으로 함께 참석하기로 약속했었다.

ㅍ 장로가 아침 10시경에 ㅎ 씨 집에 오면 교회로 가기로 돼 있었다. 한 시간이 지나도 오지 않아 궁금해 하던 참이었다. 전화가 왔고 ㅍ 장로의 아들이라는 말에 가

숨이 쿵 내려앉는 듯했다. 아들에게선 한 번도 전화를 받은 일이 없었기 때문이었다. 아침에 ㅍ 장로가 별세하셨다는 비보였다.

4년 전에 부인이 타계한 후, 한 달에 두세 번, 그는 ㅎ 씨 댁을 방문했다. 30세쯤 연하의 ㅎ 씨를 누이, 애인, 어머니 같은 심정으로 좋아했던 노인이었다. ㅎ 씨를 만나러 오는 날엔 손가방에 사과, 배, 바나나, 과자, 감 등을 잔뜩 사서 넣고 어기적어기적 걸어오시는 모습은 행복감에 충만해 있었다.

ㅎ 씨는 노인의 마음을 너무나 잘 알고 있어 친절하게 맞아들이고, 사 온 음식은 보는 앞에서 소리 내어 "맛있다! 너무 맛있다!"라고 감탄하며 먹어 댔다. 그러면 노인의 얼굴 만면에 웃음이 가득 차오르며 "그래요? 많이 드세요." 하고 행복해하였다.

노인의 얼굴에 수심과 외로움이 서려 있으면 ㅎ 씨는 일부러 앞에서 엉덩이를 흔들어 보이며 "장로님, 제 몸매가 어때요?" 재롱을 부리며 물었다. 노인은 수줍은 듯 손으로 입을 막으며 "그만 됐어요. 그만 됐어요." 자신을 위로하는 줄 알아차리고 소리 내어 웃는다는 것이었다. 노인은 아이와 같아 토라지기도 해서 ㅎ 씨는 "뭘 그러세요. 제가 안아 드릴게요." 하고 살포시 포옹해 주면 그만 풀리고 만다고 했다.

집 안으로 들어오려면 돌계단이 있어서 노인이 오르기엔 숨이 찼다. 얼마 전에 양쪽으로 굵은 동아줄을 매 놓아 손으로 잡고 오를 수 있도록 해 놓았다고 했다.

"이제 그런 사랑을 어떻게 받을 수 있을까요? 좀 더 그분에게 잘 해 드릴 수가 있었는데…. 외로웠을 때 뽀뽀도 해 드릴 수 있었는데, 전 사랑을 베풀 줄도 모르는 너무나 인색한 사람이었어요."

ㅎ 씨는 울먹이고 있었다.

"그분은 천국에 갔어도 ㅎ 씨의 사랑에 감사하고 있을 거요, 노인의 외로움과 고독을 포근히 감싸준 고결한 사랑에 나도 감사드리고 싶소."

ㅎ 씨는 비로소 안도의 빛을 띠며 눈물을 닦아 내었다.

나는 사랑을 받으려고만 했지, 마음을 열어 베풀지 못했으며, 남의 얘기를 들으려는 것보다 내 얘기만을 하려 했던 이기주의자가 아니었던가. 살아가면서 서로 간의 아름다운 배려는 인생의 꽃향기가 아닐까 한다.

막고굴에서의 깨달음

굴을 판다는 것은 깊이, 몰두에 대한 집념의 행위가 아닐까. 자신만의 자각 공간, 사색 공간이 필요했던 것이며, 영원 세계에 대한 갈망이 아니었을까.

실크로드 기행 중에서 사막 속의 막고굴에 가서 '굴'을 새롭게 인식하게 되었다. 어둡고 음침한 굴이 깨달음의 공간으로 다가왔다. 황하를 내려다보고 있는 병령사 석굴과 사막 속에 펼쳐진 둔황의 막고굴에서 또 하나의 새로운 길을 보았다. 폐쇄와 밀폐 공간으로서의 굴이 아닌 깨달음의 신성 공간으로 보았다.

세계 최대 불교미술의 유적지이자 보고로써 유네스코 세계문화유적으로 지정된 중국의 막고굴은 오랜 풍우에 빛이 바래고 마멸된 모습을 보였다. 굴속에 불상을 안치하고 흙담 위에 벽화를 그린 서기 366년부터 14세기까지 1

천여 년 동안 남겨진 1천여 개 동굴의 작품 중, 현존하는 것은 4백여 개에 불과하다.

왜 굴을 파서 불상을 안치하는 형식을 택하였을까? 사막에서 불상을 제작하여 풍화작용에 훼손당하지 않고 강렬한 태양광선으로부터 색상을 원형대로 보존할 수 있는 유일한 곳은 석굴이었다. 막고굴은 신앙과 예술을 위해 영혼과 의지를 불태운 숭고한 현장이었다. 몇 년에 걸쳐 하나씩의 굴을 판 다음 어떤 불상을 안치할 것인가, 또 어떤 내용의 벽화를 그릴 것인가를 구상하였다. 이 일은 일생의 구상이자 구도 작업이기도 했다. 불상을 안치하고 벽화를 그리는 일에 화가들은 일생을 걸었다.

깨달음의 경지를 터득한 부처의 모습을 인간이 어떻게 조형해 낼 것인가. 그 일에 매달린다는 것은 곧 인간의 한계를 무너뜨리는 일이기도 했다. 불상을 만들기 위해선 그 자신이 부처가 되지 않고선 불가능한 일이다.

굴을 파면서부터 작가는 깊은 고뇌에 빠졌다. 마음속에 무상무념의 경지와 부처의 미소가 떠오를 때까지 컴컴한 굴속의 바닥에 꿇어앉아 면벽수도를 했다. 막고굴의 미술 제작자들은 명작을 남기고 싶은 사소한 열망을 지우고, 오로지 깨달음에 이르기 위해 영혼을 불태웠다. 모든 것을 버리고 마음을 비워서 마침내 자신도 하나의 굴이 되고자 했다.

어두컴컴한 석굴에 들어가 그곳을 신성 공간, 이상 세계로 구현하려면 구원 의식과 맑은 영혼을 불어넣어야 했다. 작업 기간은 2, 3년에서 길게는 수십 년이 걸렸다. 붓을 멈추고 작품을 완성하는 순간, 오랫동안 방황했던 길에서 알고 싶은 질문에 스스로 해답을 얻어 깨달음을 체득하고자 했다.

굴 안의 작업은 간단하지 않았다. 안으로 햇빛이 비쳐들지 않아 청동거울로 빛을 반사해 끌어들여야 했다. 어둠 속에서 굴 안으로 조그맣게 반사한 빛을 따라가면서 벽화를 그려갔다. 어둠 속에서 청동거울로 반사시킨 빛을 따라 섬세하게 그려가는 극사실화 작업은 신앙의 힘이 아니면 불가능했다. 부분적으로 그려서 전체적인 구도에 맞추어야 하므로 빨리 진행하기 어려웠다.

어두운 동굴 속에서 거울로 끌어들인 희미한 빛에 의해 그려지는 작업 과정은 하늘의 계시를 받아 영감으로 이뤄지는 작업이었다. 신의 계시를 받지 않고는 허투루 만년 동굴 벽에 붓질을 할 수가 없는 일이었다. 어둠 속에서 동굴 속으로 들어온 빛을 따라 벽화를 그려갔다.

막고굴의 작품들은 어둠 속에서 횃불로 비춰주는 부분만을 볼 수 있다. 미술 작품들은 일일이 그 작가가 누구인지 밝혀지지 않았고 대부분 무명이다. 그들은 이름을 남기려 하지 않았다. 오로지 굴 하나씩에 작품으로써 한 채의 집을 짓고, 깨달음을 얻고 떠나려 했다. 명예가 아닌 완성, 완성을 통한 깨달음의 성취를 원했다. 그들은 이 일에 일생을 바쳤다.

막고굴 불교 미술 작품들은 마음과 깨달음으로 보아야 할 숭고한 영혼의 예술품이었다. 사막의 실크로드 위에 피운 구도와 자각의 꽃이었다. 어둠 속에 청동거울로 끌어온 빛으로 벽화를 그려놓은 미술 장인들을 떠올린다. 그들은 어둠에 묻혀서 일생을 걸고 굴속을 아름다운 깨침의 공간으로 만들어 놓았다.

나는 어두운 막고굴에서 언제 환한 깨달음의 마음 꽃을 피워볼 것인가.

3부_ 한마디

첨성대

경주에 가면 우선 첨성대를 찾는다.

첨성대에서는 마음속에 별이 반짝거린다. 삶의 시각을 지상의 일뿐만 아니라, 천상으로 확장해 준다.

첨성대는 신라 선덕여왕 때 축조된 우주 관측소로써 현재까지 남아 있는 우리나라의 가장 오래된 유물이다. 수만 광년 전에 떠났던 별빛을 만나 지금 무슨 이야기를 나눠야 할까. 별들과 눈 맞춤하는 순간, 영원이 다가와 반짝거림을 느낀다. 이 별빛은 천 년 전에 신라인이 만나던 빛이 아닐 것이다. 사람이 살고 있는 '지구'라는 별도 우주 속의 한 별에 불과하다.

별을 관찰하는 일은 한 별에서 수많은 별들을 바라보는 일이다. 지금 이 순간에 '영원'을 바라보는 일이다. 첨성대는 신라인의 마음을 천상으로 끌어올려 우주를 가슴에 품게 하였다.

첨성대는 아시아에서 가장 오래된 천문 관측대로 국보 제31호이다. 첨성대의 총 석재 수는 365개이고, 기단부, 원주부, 정지형 두부로 나누어진다. 석재의 수가 일 년의 날 수에 맞추어져 있다.

첨성대 앞에 서면 밤마다 별의 움직임을 관측하던 신라인의 눈빛이 느껴진다. 반짝이던 무수한 별들과 교신을 나누며 새로운 별을 찾아보려 우주로 눈길을 돌리던 신라인들의 모습이 떠오른다. 첨성대를 통해 우주와 만나고 영원의 세계를 만나려 했던 눈동자가 보인다.

청명한 신라의 밤하늘을 떠올려 본다. 밤하늘은 인간이 바라볼 수 있는 무한의 세계이며 신비가 아닐 수 없다. 별빛 한 줄기가 인간의 눈 속으로 들어오기까지는 몇만 광년이 걸린다고 한다. 지금 이 순간 한 줄기 별빛이 내 동공 속으로 들어온 것은 기적 같은 현상이 아닐 수 없다.

첨성대를 통해 신라인들이 바라던 것은 무엇이었을까. 1백 년도 살지 못하는 삶의 한계를 초월하여, 우주의 별을 통해 영원을 수용하고 싶은 마음이 아니었을까. 첨성대는 천문을 관찰하기 위한 기구로만 그치지 않고, 우주와의 교신을 통해 삶의 한계를 넓히려는 마음이 담겨 있음을 느낀다.

별들이 빛나는 밤하늘보다 넓고 아름다운 세계는 없으리라. 첨성대는 평화와 안식을 바라던 신라인들의 마음을 모아 하늘에 전하고 싶은 창구로써 세워진 게 아닐까 싶다.

경주 인왕동 벌판에 세워진 첨성대에서 신라의 밤하늘과 별들을 상상해본다.

진주 남강 모래밭

하얀 명상록엔 강물의 마음과 만년의 노래가 있다. 모래밭 속으로 걸어가면 어느새 발자국을 남기며 이 세상 가장 정결한 곳으로 들어왔음을 느낀다. 발자국들은 강물과 바람에 지워지곤 할 것이다.

모래밭은 강물이 펼쳐놓은 하얀 화선지 같다. 새벽이면 곧잘 강가로 산책하러 가던 때가 있었다. 모래밭을 보면, 왠지 소중한 이름을 써놓고 싶은 충동을 일으킨다.

남강이 있는 진주에서 나고 자랐다. 금모래에 반사되는 햇빛, 강가에서 빨래하시던 어머니의 방망이질 소리, 납작한 돌멩이를 골라 강물에 던져 물수제비를 뜨던 어릴 때의 내 모습이 떠오른다.

어머니는 강가 바위 위에 빨래를 놓고 방망이질하시면서 땟물을 말끔히 뺀 다음, 푸른 강물에 헹궈내셨다.

모래밭은 강물의 눈부신 나신裸身…. 강물이 바람에 흔들리는 치맛자락이라면, 모래밭은 강물의 알몸일 듯했다. 강물이 흘러가는 선형은 날렵한 여인의 허리 곡선이거나 하늘 속으로 굽이치는 산 능선 같아 보였다.

　모래알 속엔 바람과 햇빛의 속삭임이 있다. 수만 년을 넘나들던 바람의 노래와 햇빛의 말이 반짝이고 있다. 한 알의 모래알이 되기 위해 만년을 비워낸 마음, 더없이 맑고 투명한 모습을 본다. 만년의 명상으로 한 알씩의 깨달음이 돼버린 것일까.

　모래밭은 강물이 펼쳐놓은 마음의 멍석…. 모래밭에 발을 들여다 놓으면 더없이 순결하고 평온해진다. 만년 강물이 아니면 이런 멍석을 풀어놓을 수 있을까. 발아래로 강물 소리가 들리고, 하늘 속으로 청동 종소리가 번져오는 듯하다.

　낮은 데서 더 낮은 데로 흘러야 큰 강이 되고, 강은 강을 버려야 바다에 이른다. 강은 쉴 새 없이 흐르지만 말하지 않는다. 모래밭에선 산과 강이 만나고, 하늘과 땅이 만나고, 영원과 찰나가 이마를 맞대고 있다. 강은 무심히 몇 만년을 흐르는 게 아니다. 하늘과 구름과 바람의 말을 듣고 생명을 키우는 위대한 힘을 보여준다.

　모래밭은 마음을 맑게 해주는 성소···. 마음속에 강물이 흐르고 모래밭이 있어야 깨달음도 얻게 될 수 있지 않을까. 인생이 한줄기 물이라면, 하얀 모래밭을 남겨놓고 싶다.

　어릴 때 보았던 진주 남강의 하얀 명상록. 그곳에 무엇을 써놓아야 할까. 비어 있어야 더 맑고 눈부신 모래밭. 텅 빈 충만이 향기로웠던 진주 남강 모래밭을 그려본다.

아름다운 풍경

'풍경'은 바람과 경치가 합해진 말이다. 두 개 이상 어울림이 있어야 한다. 경치는 정적인 것이며, 바람이 있어야만 동적인 분위기를 연출한다. 겨울 해 질 녘 느티나무가 노을을 배경으로 빛을 뿜는 듯 보이는 건 제 혼자만으로서가 아니다. 한 잎도 남김없이 떨쳐버린 가지들이 수백 갈래 하늘로 뻗친 모습은 섬세하고도 날렵하다. 노을빛과 어둠에 묻힐 산 능선과 어울리지 않았다면 경탄하지 않을지도 모른다.

단풍이 든 숲길이 황홀한 것은 오래지 않아 화려한 색채들이 사라지기 때문일 게다. 낙엽을 밟으며 그 길을 벗어나기가 아쉬워 뒤돌아보기도 한다. 그 길이 더 정다울 때란 노부부나 연인들이 걷는 모습을 보는 순간이다. 마음이 끌리는 곳에서 사랑의 고백은 이뤄지고 별리도 나누게 된다. 함박눈 내리는 공원 벤치에서, 단풍으로 불타는 숲길에서, 천지를 울리는 폭포수 아래서, 꽃 덤불 속에서, 자연스레 포옹을 하고 입맞춤을 나눈다. 이별의 눈물도 흘린다. 자신이 풍경의 주인공이 되어 기억 속에 오래도록 남게 되길 바란다.

문상을 갈 적마다 느끼곤 한다. 상주에게 몇 마디 상투적인 말을 하고 오지만, 마음을 전하지 못한 미흡함이 남아 있다. 통곡과 눈물이 없는 장의실은 조문객이 많을지라도 삭막하다. 애절하게 흐느끼는 울음소리가 있어야 어울린다. 슬픔에도 미학이 필요하다. 아내가 여행 중에 엽서를 보내왔다. 당신이 곁에 없어서, 혼자 보기가 너무 아깝고 안타까워 눈물이 나온다고. 다시 한 번 당신과 이곳에 와서 경치를 함께 보고 싶노라고….

곁에 자신을 잘 알고 이해해 주는 사람이 손을 잡아주고 미소를 보내주어야 만족스럽고 감동이 우러나온다. 아무리 좋은 풍경이라 해도, 안타깝고 서운한 것은 그리운 이와 함께 바라보지 못하기 때문이리라. 그대가 곁에 있어 공감하여야 완벽해진다. 서로가 상대를 돋보이게 해 주어야 한다. 아름다운 풍경은 조화가 아닐까. 그리움과 만남이며 사랑의 선율이고 그 합일이리라.

 아름다운 풍경을 만들기 위해서는 서로 어울리는 그 무엇이 필요하다. 사랑으로 내는 빛깔과 음악이 있어야 한다. 좋은 풍경을 얻으려면, 먼저 상대방에게 사랑의 배경색이 되고 배경 음악이 돼 주어야 한다. 절경지에서만 풍경을 접하는 게 아니다. 사진으로 남겨놓은 것만이 풍경이 아니다. 아름다운 풍경은 삶 속에 있으며, 자신이 아름다워져 광채를 내야 한다. 오랜 기다림 끝에 피는 깨달음의 꽃이 아닐까.

 나도 마음속에 잊히지 않는 삶의 풍경을 남겨놓고 싶다.

붓

 내 방 벽에는 붓[筆]이 하나 걸려 있다. 붓을 보면 마음이 끌린다. 언젠가 필방 앞을 지나치면서, 진열장의 붓을 보고 크고 좋은 붓을 한 자루 갖고 싶어졌다. 붓글씨를 잘 쓸 줄도 모르건만, 벽에 걸어두고 아침저녁으로 바라본다.
 달밤이면 창문으로 들어온 달빛 속에서 마음과 통하는 붓을 들고, 한번 써보고 싶어진다. 달빛 속에서 먹을 갈면, 은은한 묵향 속에 어디선가 대금산조가 들려올 듯싶다. 화선지를 펴놓고 달빛 젖은 희고 부드러운 종이 위에, 한 번도 쓰지 않은 붓에 먹물을 묻혀 벗에게 편지를 쓰고 싶다.
 큰 글씨로 마음 내키는 대로 몇 문장 쓰고 난 뒤에, 소리 내어 한 번 읽어보리라. 볼펜으로 원고지에 한 칸씩 쓰는 글씨, 인터넷에 타닥타닥 치는 글자가 아닌, 붓에 먹물을 묻혀 큼직하게 한번 쓰고 싶다. 몇 자만 써도 마음이 통하는 문장을 일필휘지로 써보고 싶다.

붓을 보면 정결해진다. 흰 붓과 갈아놓은 먹물을 보면 엄숙한 마음이 든다. 마음속에서 저절로 피리 소리가 들려올 듯한 글을 써볼 수 있을까.

붓은 함부로 들 수 없다. 먹물을 묻히기 부끄러워 허공을 쳐다보곤 한다. 붓을 버려놓게 될까 두렵기만 하다. 붓을 벽에 걸어두었을 뿐, 한 번도 써보지 못할 듯싶다.

붓을 보면, 화선지를 펼쳐놓고 싶다. 전 생애의 집중력으로 일생의 체험을 뭉뚱그려 강물이 흘러가듯 초서체로 지금 이 순간 삶의 모습을 먹물로 물들여 놓고 싶다.

순백의 화선지를 적시고 한 자씩 써가는 운필의 힘, 그 속에 우러나는 멋과 가락을 느껴보고 싶다. 글씨와 문장의 기막힌 조화, 일체감…. 붓글씨는 잘못 쓰면 고쳐 쓸 수 없다. 마음속에 맑은 운율이 흐르고 있어야 좋은 문장을 이룰 수 있다.

컴퓨터나 핸드폰에서는 자판에서 손가락으로 치기만 하면 글이 써진다. '글씨'라는 말 자체가 사라지고 있다. 이제 필기구가 소용없게 되었다. 붓은 동양화가나 서예가들의 용품일 뿐이다.

붓을 보면 먹물을 적셔 화선지에 한 자씩 공들여 써보고 싶어진다. 벽에 걸어둔 붓을 바라보는 것만으로도 내 욕심을 지워주고 거친 감정을 부드럽게 해준다.

내게 있어 붓은 용도 폐기된 지 오래지만, 바라만 보아도 마음을 가다듬게 하는 가르침을 준다.

미세먼지

 아침 일기예보를 들으면 미세먼지 상황을 알려준다. 먼지 농도 수준과 언제쯤 대기 상태가 좋아질 것인지, 공기 상황부터 알게 한다. 미세먼지 관리 청소용품도 나와 있다. 미세먼지에 반복 노출될 경우엔 피부로 침투되어 염증이 생길 수도 있다.

 가난했지만 낮에 푸른 하늘을 보고, 밤엔 별들과 얘기를 나누던 시절을 보낸 세대들은 어느새 '하늘'이란 무한의 꿈과 상상력의 세계를 상실하고 있음을 느낀다. 맑고 푸른 하늘을 바라보는 것만으로도 근심 걱정을 지워버릴 수 있었다. 티끌 한 점 묻지 않은 가을 하늘을 바라보며 순수한 마음의 교감을 나누곤 했다.

 이른 아침 학교에 가는 학생들이나 직장으로 출근하는 사람들 중엔 마스크를 착용한 모습들이 늘어나고 있다. 이젠 미세먼지 관리 청소용품은 없어선 안 될 필수품이 되었다. 미세먼지에 반복 노출이 되면, 호흡기 질환으로 이어질 수도 있다. 정부에서도 유치원, 초, 중, 고 교실에 공기정화 시설과 미세먼지 측정기 설치를 의무화하고 있다.

우리 삶의 환경은 천연의 자연과 공기를 잃고 말았다. 궁색한 삶을 살았지만 밤이면 가족이나 연인, 친구들끼리 별들을 바라보며 무한의 우주 속으로 상상의 나래를 펴곤 했었다. 아침이면 마당에 나가서 푸른 하늘을 보며 가슴을 펴고 맨손체조를 하면, 상쾌한 바람이 머리카락을 쓰다듬으며 지나가곤 했다.

달밤이면 신비스러운 하늘을 보지 않고 어찌 잠들 수가 있으랴. 은하가 흐르고 별들이 눈으로 들어오기까지 몇만 광년을 지나 이제 만나고 있는 것이 아닌가. 이 순간이야말로 기적과도 같은 만남이리라. 마음속으로 별 하나씩을 세어본다는 자체가 영원의 세계에 잠겨 있음을 느낀다.

어느덧 달밤과 별을 헤아려보던 시대는 가고, 밤이면 실내에서 휴식을 취하는 삶이 되었다. 아침이면 떠오르는 해와 인사를 나누며 하루를 열던 시대는 지나가 버렸다. 하루를 시작하려 밖으로 나오는 사람들은 미세먼지를 마시지 않으려 마스크를 쓰고 있다. 입과 코를 드러내지 못하고 마스크를 쓴 사람들을 보면 환자처럼 보이기도 한다.

가난했었지만 푸른 하늘과 맑은 공기 속에서 자연과 더불어 살았던 농경기의 삶을 떠올려보곤 한다. 현대는 재산을 얻기는 하였지만, 자연의 정서를 잃어버렸다. 맑은 공기는 어느새 미세먼지가 섞여 마스크를 쓰고 다니는 사람들이 늘어나고 있다.

공기가 좋지 않아 마음대로 숨을 쉴 수 없다는 상태만큼 위급하고 좋지 않은 삶은 없을 듯하다. 코와 입을 마스크로 막고 다녀야 할 정도로 공기가 나쁘다면, 생존 환경의 큰 위협이 아닐 수 없다.

아침마다 기상 뉴스로 미세먼지의 상황을 알리는 것만으로 그쳐서는 안 된다. 원천적으로 어떻게 방법을 찾아야 할 것인지 개선책이 나와야 한다. 숨을 제대로 쉴 수 없는 모습이야말로 인간이 살 수 없는 환경이 아닐 수 없다.

오늘날 미세먼지는 인간의 삶에 가장 큰 문제가 되었다. 맑은 공기를 되찾기 위해선 국가와 국민이 할 일이 무엇인가를 찾아서 대책을 세우고 노력해야 한다. 미세먼지가 개선되지 않고 더 악화한다면, 금수강산이라 불렸던 우리 땅이 숨도 제대로 쉴 수 없는 지옥이 되고 말 것이다.

    일기예보를 통한 미세먼지에 대한 정보를 들으며, 가난한 시절이었지만 맑고 티끌 한 점 묻지 않은 푸른 하늘과 맑은 공기를 떠올려 본다. 가슴을 활짝 펴고 맑고 푸른 하늘을 바라보며 심호흡을 할 수 있는 환경이 되었으면 한다.

진주 전통찻집

 진주에 가면 가끔 들르는 곳이 있다. 옛 시청 건물 앞 전통찻집이다.

 2층의 찻집 바닥이 소나무 목재여서 편안함을 준다. 찻집 안의 찻상과 의자도 낡아 보이지만, 목리문을 품고 있어 오랜 세월의 깊이를 느낀다. 철재나 석재는 단단함과 영구성을 지녔지만, 목재는 생명을 지녔던 것이기에 훈훈하고 정다움을 준다.

 진열장에는 백 가지도 넘을 듯한 다기가 놓여 있다. 천정은 통나무로 받침을 하였고 탁자, 의자도 모두 목재이다. 나무로 만든 용구들은 연륜의 깊이와 체취를 느끼게 한다.

 나무는 일 년에 한 줄씩 목리문을 그려가며 성장해 간다. 나이테를 남겨 놓는 생물은 나무 이외엔 없다. 한 줄의 '나이테'엔 일 년에 걸친 나무의 말, 생각, 깊이가 깃들어 있다. 목리문을 보면서 나무의 위대함과 영원성을 생각한다. 굽이치는 듯한 목리문 속에는 사계절의 표정, 햇살과 바람이 깃들어 있다. 태양의 말을 듣고 달의 표정을 보는 듯하다.

창문은 유리가 아닌 창호지이고 구리로 만든 고리가 붙어 있다. 창호지 방문은 햇빛과 달빛이 잘 물들어서 마음까지 닿아오는 듯하다. 진주 전통찻집 한지 창문은 가로세로 직선의 줄을 교차시켜 무기교의 멋, 미를 보여준다. 한없이 맑고 환한 빛살의 표정을 담아낸다.

나무 의자에 앉아서 찻집 속에 들어와 있는 커다란 장독들을 바라본다. 찻집 안에 큰 장독 세 개를 찻상 곁에 갖다 둔 것은 무엇 때문인가. 장독은 곧 해산할 듯한 임산부의 배처럼 불룩하다, 속은 비어 있지만, 옛날엔 간장과 된장이 들어 있었으리라. 한국의 고유한 음식 맛과 흥과 향을 품은 장독이다.

돌아가신 어머니의 얼굴이 떠오른다. 집마다 장독대가 있었던 시절이었다. 이웃끼리 서로 도우며 간장, 된장, 고추장을 만들어 장독을 채워 놓았다. 덕분에 겨울철에 시장에 가지 않아도 밥상을 차려 가족끼리 즐겁게 식사를 할 수 있었다.

진주 전통찻집에 앉아 있으니 잊어버렸던 옛 시절의 모습과 삶이 떠오른다. 어릴 적 내 모습이 생각난다. 우리 집은 여기서 5분만 걸어가면 될 거리에 있었다. 학교가 가까워서 친구들이 자주 놀러 오던 집이었다. 방 두 개를 전세로 내주고, 다섯 식구가 한방에 살았다. 친구들이 놀러 오면 어머니와 동생들은 자리를 피해 바깥으로 나가 있어야만 했다.

이곳에 오면, 젊은 시절 만나던 친구들은 어디에 있을까 생각해 본다. 고향을 떠나 산 지도 오래되었다. 여기 전통찻집에서 만나 회포를 풀 수 있으면 얼마나 좋을까.

진주 전통찻집에서 차 한잔 마시면, 옛 친구의 얼굴이 떠오른다. 남강 물소리를 들으며 강변 모래밭에 누워 밤하늘의 별을 세던 그 시절이 펼쳐지곤 한다.

전통 차 한잔을 마시고 찻집에서 왜 일어서지 못하는가.

겨울나무

 겨울나무는 4B연필로 그린 누드 데생….

 속살을 드러내며 몸 전체로, 연륜의 체험과 사색의 깊이를 보여준다. 허장성세와 허식을 벗어버리고, 알몸으로 겨울을 맞고 있는 모습은 면벽 수도하는 성자처럼 초연하다. 겨울나무를 보면 추위를 견뎌낸 내공과 생존의 중심이 보인다.

 겨울 산은 녹색으로 꽉 찬 산이 아니라, 비움이 있어 속살이 훤히 보인다. 나신의 아름다움을 드러낸다. 상하좌우로 뻗은 나뭇가지들은 어느 나무나 기막히게 균형과 조화를 취하고 있다. 한쪽으로 기울어진 것처럼 보이는 나무들도 반대쪽으로 나뭇가지들이 더 뻗어 나가 균형의 미를 취한다.

 겨울나무의 표정엔 인고의 침묵이 보인다. 색채와 향기

는 사라지고 내면으로부터 고요와 엄숙함이 느껴진다. 색을 벗어버리고 근육질의 뼈대를 드러내고 있다. 바람 속에 관절염을 앓는 비명을 지르곤 하지만, 모든 걸 비워서 초연한 성자처럼 서 있다.

땅은 얼어붙었으나 나무의 모습은 바람결에 바이올린을 켜는 듯 겨울을 연주해 내고 있다. 겨울나무들은 골체미를 드러낸다. 좌우로 뻗은 가지들의 조화와 간결미가 기막혀서 눈이 삼삼해진다. 꽃과 열매로 성장한 모습에선 풍요와 성숙의 미를 보이지만, 겨울나무는 알몸 그 자체의 근원적인 미美를 드러낸다.

겨울나무는 바람 속에 사색 중이다. 동한기의 수도에 빠져 있다. 아무에게도 말을 나누려 하지 않는다. 침묵 속에 묵언정진만 있을 뿐이다. 하늘로 치켜 오른 가지들의 근육과 힘살이 보인다. 겨울의 나무들은 바깥의 풍성함을 구가하는 게 아닌, 내면의 진실을 찾고 마음을 연마하는 중이다. 가지들이 수액을 빨아올리는 깊은 호흡과 내공을 보여 준다.

시골 마을 입구에 백 년 수령쯤의 느티나무 한 그루와 만난다. 가을이면 사방으로 짙붉은 단풍을 뿌려놓아, 선지

피를 흘린 듯했다. 겨울엔 사방으로 천 갈래 만 갈래의 가지들이 드러내 놓은 어울림의 미학을 드러낸다. 어떤 폭풍이나 강설에도 기울거나 꺾어지지 않게 상하좌우가 기막히게 어울려 있다. 나무만의 절묘한 균형 비법은 나무만이 터득한 오묘한 깨달음이 아닐까. 바람에 꺾이지 않게, 나뭇가지를 악기 삼고, 바람으로 나무의 연주를 들려주게 만든다.

겨울나무는 시련과 인고를 견뎌내 추위와 바람 속에 움을 키워낸다. 움 속에는 꿈과 꽃과 나비의 날갯짓이 있다. 겨울의 눈보라와 추위가 있기에 성장하고 꿈을 키워간다.

가혹하다. 바람은 귀와 눈과 가슴을 마구 때리고 후벼 파며 이리떼처럼 덤벼든다. 나뭇가지 속에 얼기설기 지어 놓은 새의 둥지를 볼 때, 경탄하고 만다. 벌거벗은 나뭇가지들 속에 덩그렇게 지어놓은 새집 한 채…. 나뭇가지 속으로 작은 나뭇가지들을 물어와 지어놓은 둥지는 얼마나 지탱할까. 세찬 바람결에 떨어져 버릴 것 같은 둥지는 을씨년스럽지만 정겹다.

새의 둥지는 나무의 중심점에, 조화의 한가운데를 택한 모습이다. 집이 나무 전체의 균형에 절묘하게 어울리고 있다. 겨울 산의 비어 있는 여유와 사색을 본다. 나무들 속살의 아름다움과 내면을 본다.

나무 위에 지어진 새의 집, 따스한 등불을 하나 켜주고 싶다.

4부

수필의 모습

피천득의 수필 세계

1. 들어가며

피천득은 시인, 수필가, 번역가이지만, 수필가로 국민적인 사랑을 받아온 작가이므로, 본고에선 수필작품에 한하여 논하고자 한다. 피천득이 남긴 수필은 78편이다. 일생을 통해 수필집 한 권을 남겼으며, 50대 이후는 절필하여 한 편의 수필도 쓰지 않았다. 그런데도 생전엔 수필문학에 요지부동의 정상이었음을 볼 때 국민적인 사랑을 받은 수필가로 기억될 것이다.

피천득 수필은 인생 경지에서 온 것이며, 수필계의 정점을 독점하고 있었던 것도 그의 삶과 인생에서 빚어낸 광채와 향기이다.

2. 피천득의 삶

　금아琴兒 피천득(1910~2007. 시인, 수필가, 영문학자)은 1910년 서울에서 태어났고 1930년 〈신동아〉에 「서정소곡」을 발표하면서 문필 생활을 시작했다. 그의 시는 자연과 동심이 소박하고 아름답게 녹아 있다는 평을 얻었다. 섬세하고 간결한 언어로 그려진 그의 수필은 남녀노소에게 사랑을 받아 대표작 「인연」「수필」「오월」을 비롯하여 「플루트 플레이어」 등이 교과서에 실리기도 했다. 시인의 위치보다 수필가로서 독보적인 존재였으며, 유명 작가의 길을 걸었다. 장식품과 장서도 별로 없는 작은 아파트에서 소탈하면서도 충일한 삶을 살았던 그는 오월을 사랑하였으며 오월에 태어나 오월에 세상을 떠났다. 유일한 수필집 『인연』과 시집 『생명』을 남겼다. 번역서 『내가 사랑하는 시』『셰익스피어 소네트 시집』 등을 펴냈다.

　피천득의 어린 시절은 부모가 일찍 사별함에 따라 고독과 사색적인 성격을 지니게 된 것으로 보인다. 1910년 5월 29일(음력 4월 21일) 출생하였으며, 1916년 7세 때 아버지를 여의고 1919년 10세 때 어머니마저 여의게 되었다. 그는 백부 밑에서 자라게 되었으며, 서울 제일고보第一高普부속국민학교에 입학하여 1923년 같은 학교 4년 수료, 서울 제일고보에 입학했으며 1926년 상해로 유학했다. 1929년 상해 호강대학교(University of Shanghai) 예과豫科에 입학했고 1930년 『신동아』에 시 「서정소곡」「소곡」「파이프」 등을 발표했다. 1931년 호강대학교 영문학과에 진학했다. 1945년 경성대학교 예과 교수(1946년까지), 1963년 서울대학교 대학원 영어영문학과 주임교수(1968년까지)로 있었다.

인생의 초년기는 부모와의 사별로 고독 속에 지냈으나, 일제강점기에 중국 유학을 갈 정도의 부유한 집안 환경으로 고등교육을 받을 수 있었다. 서울대학 교수 재직과 문인으로도 정상에 있었기에 안정적 생활을 가졌다. 학교와 문학 이외엔 사회적인 활동을 하지 않은 일면이 있다.

피천득은 초기에 시인으로 활동하다가 수필로 전환하여 수필가로서 사랑을 받아왔다. 2007년 5월 25일 향년 97세로 타계하기 전까지 '수필의 금자탑'으로 수필문학의 대명사였다. 어떤 문학 단체에 속하거나 관여하지 않았지만, 오로지 작품으로 독자들의 사랑을 받음으로써 수필계의 최정상에 있었다. 피천득은 학교 이외엔 그 어떤 조직에도 속하지 않는 자유인이었다. 피천득은 커피와 술을 들지 못했다. 한국 사회에서 커피와 술을 들지 못하면, 대화와 소통에 큰 지장을 초래하는 요인이 되기도 한다. 피천득은 사회성에서 비켜난 생활을 했다. 만나는 사람은 극히 제한적이었고, 독자적인 일면이 있었다. 문학을 하면서도 어떤 문학단체나 모임에도 소속되거나 관여하지 않았다. 문학잡지나 신문사에서 작품의 심사위원으로 청하였지만 한 번도 응하지 않았다. 철저하게 독자적이었고, 독립적인 모습을 보였다. 천진난만한 어린이들을 좋아하였고, 인형과 대화하고 살 정도로 동심을 지닌 분이었다.

자신의 문학정신과 함께 삶도 맑고 고결하게 언행일치言行一致의 모습을 지켰다. '수필은 청자연적이다. 수필은 난이요, 학이요, 청초하고 몸맵시 날렵한 여인이다.'는 곧 피천득의 수필과 삶을 보여주는 문구文句이다. 피천득이 말한 청자연적, 학, 난초는 그의 수필이 지향하는 세계이자, 아울러 인생의 지향점이라 할 수 있다. 그러므로 청자연적과 같은 삶, 학이나 난초 같은 삶이 되도록 노력하고 그런 삶을 지향하였다. 그런 까닭으로 세속에 어울리기보다 고독하기는 했지만, 고고한 자신의 삶을 지키고 가꾸고자 했다. 그런 삶의 자세가 독자들에게 호기심을 자극하고 신뢰를 주는 요소일 수도 있었다.

일제강점기 때, 독립운동을 하거나 독립 정신을 고양하는 글을 쓰지 못한 데 대하여, "민족 앞에 미안한 마음을 가진다. 그러나 친일문학을 했거나, 창시개명創始改名을 하진 않았다."라고 말하였다. 피천득은 천성적으로 누구와도 대립, 갈등, 불화 관계를 싫어하였고, 인간관계를 신중히 하였다. 어린이들을 좋아해 댁을 방문한 사람들에게 방문록에 방문자의 이름과 함께 아이의 이름을 적어 놓게 했다. 천진난만한 성품을 엿볼 수 있는 대목이다. 잠자리에 장난감인 아기 곰 세 마리를 곁에 두고 함께 잠들기를 바라곤 하였다.

3. 피천득의 수필 세계

2008년 도서출판 '샘터'에서 금아 피천득 선생 영면 1주기를 맞아 전집을 발간했다. 피천득 선생의 전집 1.『인연』은 소년 같은 진솔한 마음, 꽃 같은 순수한 감성, 성직자 같은 고결한 인품, 해탈자 같은 청결한 무욕을 담았다. 전집 2.『생명』은 유일한 시집이다. 간결한 시어, 반짝이는 위트를 보인 시는 순수한 동심과 투명한 서정을 담았다. 전집 3.『내가 사랑하는 시』는 블레이크, 워즈워스, 예이츠, 도연명, 타고르 등 손수 골라 직접 번역한 세계의 명시이다. 전집 4.『셰익스피어 소네트 시집』에는 자신이 번역한 셰익스피어 소네트 154편이 담겨 있다.

금아 피천득은 수필가, 시인, 번역가의 면모를 지니고 있지만, 자신은 '시인'으로 불리길 좋아하였다. 시보다는 수필로 대성하셨고 국민적인 수필가가 되었으므로 이 자리에선 수필에 국한하여 재조명해 보고자 한다.

1930년대 현대 문학의 초창기에서부터 2007년까지 피천득은 수필계의 독보적인 존재로써 요지부동의 정점에 있었다. 그 이유는 작품성이다. 누구도 흉내 낼 수 없는 피천득만의 작품 세계의 구축이 빛을 발하였다.

> 사실 피천득 세계처럼 교묘한 문학 세계는 드물 것이다. 표면상으로는 지극히 명료하고 간단한 것 같으면서도 실제로 그것이 어떻게 구성됐으며 어떻게 전

개됐는가를 알아보려고 할 때 앞길이 캄캄해지기 때문이다. 무엇보다도 피천득 수필은 그 본本이 될 만한 유형類型을 찾을 수 없다는 것이 어려운 문제일 것이다. 문학사적으로 유형을 만들 수 없을 만큼 피천득의 수필은 그 한 사람만의 독특한 창작 세계인 것이다.

   -원형갑「피천득의 수필 세계를 음미하는 어려움」
   ('수필문학' 1996. 8월호)

문학평론가 원형갑은 1960년대와 1990년대 두 번에 피천득 수필 세계를 음미한 100매씩의 평문을 발표한 바 있지만, 피천득 수필 세계를 규명하기가 대단히 어렵다는 것을 말하고 있다.

피천득이 수필을 쓰기 시작한 1930년대 그 전후와 현대에 이르기까지 피천득 수필은 그 본本이 될 만한 유형을 찾아볼 수 없다. 피천득 수필은 스스로가 독창적으로 유형을 만들어 한국 현대 수필의 전형, 전범을 이루고 있다는 점이다.

한자문화권과 농경 시대에 태어나 성장했고 영문학 교

수로 재직했던 삶의 궤적을 통해 짐작할 수 있는 것은 공자, 맹자. 노자, 장자 등의 동양 사상과 찰스 램 등 서양 문학을 받아들여 피천득만의 유형이랄 수 있는 수필을 구성하고 전개하였다고 본다.

피천득 선생은 78편의 수필을 남겼으며, 대개 200자 원고지 4~10매에 이르는 짧은 글이다. 간결하고 아름다우며 비유법 구사가 뛰어난 것이 특징 중 하나다. 금아 선생의 대표작으로 대개 「수필」 「인연」 「오월」을 든다.

「인연」은 피천득의 마지막 작품으로 1974년에 〈수필문학〉지에 발표했다. 그러나 이 작품은 사후死後에 '수필'이 아닌 '소설'로 밝혀지기도 했다. 「인연」에 나오는 주인공 아사꼬와 세 번의 만남은 사실이 아닌 허구임이 밝혀진 까닭이다. 피천득은 사실상 60년대에 절필하였기 때문에, 이후 40년이 넘게 한 편의 수필도 쓰지 않음에도 불구하고 한국 최고 수필가로 군림했다. 독자들이 금아 수필을 사랑하여 애독하였기 때문이다. 「수필」과 「오월」은 은유법 구사가 탁월한 문장의 매력을 발산시키는 작품이다.

'수필은 청자연적이다.

수필은 난이요, 학이요, 청초하고 몸맵시 날렵한 여인이다.'

피천득 선생의 「수필」의 서두다. 오랫동안 국어 교과서에 수록되어 수필의 정의와 개념이 돼왔고, 수필 쓰기의 전범典範이 돼왔다. 당시 수필을 '붓 가는 대로 생각나는 대로 쓰는 글'로 여기고, 비전문 장르인 것처럼 인식하던 때, 이 '수필'은 수필 문학의 방향과 경지를 새롭게 설정해 준 기념비적인 작품이었다. 수필쯤이야 누구나 쓸 수 있는 아마추어 문학으로 알았던 사람들에게 최상의 인생 경지를 지닌 문학임을 천명한 수필론이기도 했다.

'수필은 청자연적이다.'

청자青瓷는 우리 민족이 세계에 자랑할 수 있는 최고 경지의 도자기이다. 티끌 하나 묻지 않은 우리나라 가을 하늘의 청명은 신비와 동경의 대상이었고, 이 빛깔과 마음을 영원의 빛깔로 탐구하여 피워낸 깨달음의 꽃이 청자였다. 연적은 벼루를 갈 때 쓰는 물을 담아두는 용기를 말한다. 연적의 물은 곧 생각이므로 단순하게 물을 담아두는 그릇이 아니며, '생각을 담아둔 그릇'이 된다.

'수필은 청자연적이다' 이 서두만으로 수필의 경지와 정의를 극명하게 드러내고 있다. 주어와 술어로 된 이 단문장이 수필의 지향점과 경지를 보여주고 무한의 함축성으로 여운을 불러일으킨다. 수필의 참모습을 알리는 빛나는 문구文句가 되었다. '피천득=수필=청자연적'의 이미지는 수필에 대한 무지와 편견을 벗겨버린 놀라운 발견이었다. 피천득의 '수필'은 진흙 속에서 발견해 낸 연꽃이었다. 이 한 편의 글이 수필에 대한 잘못된 인식과 천대와 소외의 그늘에서 벗어나 오늘날 삶의 중심문학으로 자리 잡게 하는 힘이 되었다.

'수필은 난이요 학이요 청초하고 몸맵시 날렵한 여인이다.'

수필은 화초에 비유한다면 난이며, 새에 비유하면 학이며, 여인에 비유하면 청초하고 몸맵시 날렵한 여인이라는 말은 그냥 수사법에 그친 것이 아니다. 수필은 자신의 삶을 통한 인생의 거짓 없는 토로요 반영이다. 작자는 난과 같은 삶, 학과 같은 삶을 갖고자 하며 추구한다. 수필가는 자신의 글에 책임을 져야 하므로 경지의 문학인 것이다. 자신의 삶과 인생이 난초와 학과는 동떨어진 것이라면 이 글이 향기를 지닐 수가 없다.

피천득 선생의 「수필」이 명문인 것은 고결한 인품과 경지가 문장과 일치하는 데 오는 감동이다. 자신의 글에 책임을 진다는 것이 수필을 쓰는 어려움이 아닐 수 없다. 피천득은 글이 곧 인생이고, 수필이 인생으로 피운 꽃이자 곧 인격임을 보여준 수필가이다. 피천득은 40년 넘게 절필하면서도 수필을 안고 있었던 것은 자신이 쓴 글에 책임을 다하는 자세를 잃지 않았다는 점이다.

「수필」은 수필로 쓴 수필론이다. 은유법 구사가 많은 문장은 자질구레한 설명과 묘사를 생략하고 있다. '수필=청자연적' '수필=난초' '수필=학' '수필=청초하고 몸맵시 날렵한 여인'에 대하여, 설명이 있어야 함에도 생략했다. '수필은 ~이다'는 전개는 논리가 아닌 정의에 가깝다. 그렇기에 이런 문장은 결론이요, 깨달음이요, 궁극의 말이다. 「수필」에선 서두부터 결미에 이르기까지 은유법을 구사하고 있다. 아마 한국문학 작품 중에서 이런 스타일은 피천득 문장에서만 볼 수 있는 유형이다.

'~은 ~이다'라는 말은 개념을 정의하고 규정한다. 확신이고 지론이다. 개인의 수필론일 때는 상관없는 일이지만, 일반적인 수필론일 때는 문제가 있다. 수필은 개인적인 삶과 인생을 담는 그릇이고, 사람마다 천태만별의 모습을 보인다. 수필은 유리그릇, 나무 그릇, 놋그릇, 꽃병일 수도 있다. 수필은 호박꽃, 맨드라미, 분꽃일 수도 있으며, 학만이 아닌 참새, 비둘기. 종달새, 기러기일 수도 있다. 수필은 개성과 자유스러움을 지닌 문학인데도 하나의 개념으로 묶는 것이 편협과 고정관념에 빠지게 만들게 되었다는 지적도 있다.

  그런데도 이「수필」이 교과서에 수록되어 미친 긍정적인 효과는 매우 컸다. 먼저 수필에 대한 개념과 경지에 대해 자리매김을 해준 계기가 되었다. 수필의 인식이 부족하던 시기에 수필은 '붓 가는 대로 쓰는 글'로 비전문 문학, 아마추어 문학 정도로 인식되고 있었다. 이런 때에「수필」이란 작품의 출현은 하나의 큰 충격이었다. '수필은 청자연적, 학, 난'으로 정의하여 최상, 최고, 절정, 완성의 세계와 결부시킴으로써 경지와 품격의 문학으로써 성격과 경지를 확보시킨 것이다. 누구나 쓸 수 있는 하찮은 문학이라는 인식에서 벗어나, 인생 경지와 인격을 갖추지 않고선 좋은 글을 쓸 수 없는 문학임을 인식시켰다. 「수필」이란 작품은 수필문학에 대한 새로운 인식을 가져오게 했으며, 수필 중흥에도 영향을 미치게 했다.

「수필」은 작품으로 쓴 '수필론'이라는 데 묘미가 있다. 논리적 전개에 따른 결론의 도출이라는 틀에 박힌 이론은 도식적이어서 흥미를 끌기 어렵다. 피천득은 서정과 상상과 아름다운 문장을 통해 자신의 수필론을 수필로 전개했다. 논리적으로 설득하거나 동조시키려 하지 않고, 감성적으로 마음에 스며들게 했다. 논리적인 이론의 전개가 아니고, 감성적인 생각의 전개이기 때문에 제약을 받지 않았다. 이 작품은 '오래 동안 교과서에 수록되어 중등교육을 받은 국민들이 피천득의 「수필」을 전범으로 삼는 결과를 빚었다'는 김우종 교수의 지적이 있다.

「수필」은 피천득 선생의 수필론이다. 수필가들마다 자신의 인생에 맞는 수필론을 전개할 수 있어야 한다. 그런데도 피천득의 「수필」만큼 큰 반향을 일으킨 작품도 전무후무할 것이다. 교과서 실린 수필 작품이자 수필론이란 이중 구조 때문에 중등교육을 받은 사람들은 이 작품을 읽고 배우면서 수필의 개념을 알게 되었다는 사실이다. 사람들의 뇌리엔 '수필=피천득'이란 등식이 자리 잡고, 피천득의 문체미학에 빠져들게 했다.

계간 〈현대수필〉은 2004년 「수필」이 수필에 끼친 영향'에 대한 긍정론과 부정론을 특집으로 실었다. 긍정론엔 정목일의 '피천득 선생 「수필」이 보인 전범과 경지', 부정론엔 임헌영 문학평론가의 '파티장의 무도복보다 노동복이 더 좋다'가 실렸다.

임헌영 문학평론가의 논지는 피천득의 수필 세계는 귀족주의 취향이 짙으므로 자신은 무도복 차림의 신사보다 노동복을 입은 서민 차림의 글을 더 좋아한다는 것이었다. 필자는 독자들의 관점과 취향에 따라서 좋아하는 수필가와 작품이 있게 마련이라고 생각한다. 임헌영 문학평론가의 경우는 서민의 땀과 생활체취가 느껴지는 수필이 좋다는 말이다. 시나 소설 등 픽션일 경우엔 여러 인물상을 보일 수 있다. 그런데 논픽션인 수필에서만은 자신의 체험과 인생을 바탕으로 얘기할 뿐이다. 이 말에 대해서 피천득이 「수필」이란 글에서 언급하였듯이 '소설이나 극작가劇作家는 때로 여러 가지 성격性格을 가져 보아야 한다. 셰익스

피어는 햄릿도 되고 오필리아 노릇도 한다. 그러나 수필가 찰스 램은 언제나 램이면 되는 것이다.'라고 했다. 수필은 인생을 담는 그릇이므로, 피천득 수필은 그의 일생이 피워 낸 깨달음의 꽃일 따름이다.

4. 피천득 문장의 특성

가. 시적인 문장

피천득은 시인으로 출발하였기 때문에, 수필을 전개하면서 자연스레 시의 산문화를 취하는 방식을 썼다. '수필의 정신은 시 정신에서 나온 것으로 산문이지만 시의 연장선에 있다.'고 토로했다. 시를 창작하였던 분이고, 『내가 사랑하는 시』라는 세계 명 시집과 서양의 정형시인 『셰익스피어의 소네트 시집』을 번역한 경력을 보더라도 시인이라는 생각을 견지하였다.

피천득의 수필 문장이 시와 같은 경지를 느끼게 하는 요소는 간결하고 압축적이라는 데만 그치지 않고 시에서 사용하는 기법인 상징, 비유, 리듬, 역설 등을 자유자재로 구사하고 있다는 점이다. 특히 시에서 자주 쓰이는 비유법 구사가 능란하며, 산문에 있어서 은유법의 탁월한 구사 능력을 보여주고 있다.

오월은 금방 찬 물로 세수를 한 스물한 살 청신한 얼굴이다. 하얀 손가락에 끼어 있는 비취가락지다. 오월은 앵두와 어린 딸기의 달이요, 오월은 모란의 달이다.

-「오월」의 서두

피천득의 문체 미학으로 손꼽히는「오월」은「수필」처럼 서두에서부터 은유법 구사가 빛을 발한다. '오월은 금방 찬 물로 세수를 한 스물한 살 청신한 얼굴이다'란 서두가 나오기까지 공정을 살펴본다.

(1) 오월은 청신한 얼굴이다.
(2) 오월은 스물한 살 청신한 얼굴이다.
(3) 오월은 세수를 한 스물한 살 청신한 얼굴이다.

⑷ 오월은 찬물로 세수를 한 스물한 살 청신한 얼굴이다.

⑸ 오월은 금방 찬물로 세수를 한 스물한 살 청신한 얼굴이다.

한 문장의 서두를 쓰기 위해서 얼마나 세심하고 오랜 퇴고를 거듭했는가를 짐작하고도 남는다. 「오월」의 서두는 시를 방불케 하는 문장이다. 피천득은 곧잘 '수필은 시의 연장이다'는 말을 들려주기도 했다.

피천득이 획득한 문학적 업적은 한국 수필의 진수, 진가를 보임으로써 수필 발전에 공헌한 점이다. 피천득 수필 참모습의 핵심은 문장에 있다. 남들이 흉내 낼 수 없는 독창적인 문체를 구축하였다. 특히 비유법 중 은유법의 구사가 많았으며, 은유법의 구사력이 탁월한 문장가였다.

나. 서정적인 문장

피천득은 한국 서정 수필의 상징적인 존재이다. 서정 수필의 본령을 지켜 왔다. "수필엔 서정 수필과 논리적 수필로 나눌 수 있지만, 한국 수필의 전통은 서정 수필에 있다."

라고 하였다.

  한국에서 '수필'이라 하면 서정 수필을 지칭하는 말로 인식된다. 대부분의 수필이 서정 수필류에 해당하기 때문이다. 수필의 서정성은 곧 문학성으로 해석된다. 감정을 바탕으로 하는 서정 수필에서 '서정성'은 곧 수필의 핵심이다. 서정성은 단순히 감정으로만 해석할 수 없다. 민족의 의식 구조와 문화 전통과 삶의 총체성과 지혜 속에서 피어난 정신, 마음, 가락, 이치, 멋, 아름다움, 조화 등의 복합적이다.

  수필이 개인적인 체험을 토대로 삶의 의미를 발견하고 해석한 것이라면, 한국 수필은 한국인의 공동체적인 정신과 마음과 삶의 체험을 토대로 삶과 의미를 담은 것으로 볼 수 있다. 서양인이 논리적 사고를 통한 삶을 살아온 것이라면, 한국인은 인정과 사랑을 통한 삶을 살아왔다고 볼 수 있다. 문학 작품에서 '서정성'이란 자연과 인간, 인간과 인간의 관계에서 대립, 갈등. 증오, 시비 등 부정적 에너지를 화해, 포용, 용서, 배려, 조화의 긍정적 에너지로 전환하는 지혜와 아름다움을 내포하고 있다. 논리적 수필처럼 옳고 그름, 찬성과 반대, 선과 악 등 이분법적인 나눔으로 명쾌한 해결을 꾀하려는 의도를 보이지 않는다. 서정 수필은 감정으로 얼싸안아 한마음의 공감을 끌어내려는 데 있다. 논리는 좋고 나쁨의 분명한 구별을 나타내지만, 서정은 감정의 교류와 교감을 통해 함께 공생共生 공감共感에 이르게 한다.

한국 수필의 전통을 계승해온 서정 수필에 대하여 서정 수필이 시대 감각이 떨어진 글이라는 비난은 옳지 않다. '서정'이 안고 있는 민족 공동체의 삶과 정감은 우리 민족이 5천 년간에 이어온 생명률生命律이다. 전통, 관습, 문화의 영혼과 뼈가 들어 있다. 세계화와 논리를 앞세운다고 해도 민족 문화의 한 가운데에 서정이 자리 잡고 있다. 민족 문화의 한 가운데 마르지 않는 고향, 마음의 샘이 '서정'인 것이다. 이 서정의 샘이 말라버린다면, 민족의 마음은 황폐해질 것이다.

서정은 이와 같이 민족의 마음을 간직하고 이어주는 요소이며 조국애, 자연애, 동포애와 연관하여 역사와 전통 속에 매마르지 않고 흐르고 있는 마음의 샘물이다. 낡고, 케케묵은 것, 시대에 뒤떨어진 것만이 아닌 민족혼과 마음을 간직하게 하고 이어온 귀중한 감정의 꽃임을 인식해야 한다.

자연 예찬, 음풍농월, 신변잡사에 국한된 것이 서정이라고 생각하면 안 되며, 오늘날에도 자연 예찬, 음풍농월이 아닌 생태계 환경, 생명 사상 등을 통한 시대에 맞는 서정의 창출이 필요한 때다. 자연 파괴로 인한 삶의 환경 파괴, 오염과 생태계 파괴로 인한 삶의 위협을 논리적 방식의 실태와 문제점과 대안을 제시하는 것도 중요하지만, 서정시나 서정 수필을 통한 감성의 호소를 통해서도 큰 효과를 얻을 수 있는 것이다.

논리적인 것은 과거에 집착하는 면이 있다. 그것은 지식에 의존하며 명쾌함을 보이지만 오래지 않아 퇴색하고 만다. 지식이란 과거의 유물이며 시간이 지날수록 색채가 희미해지게 된다.

서정의 핵심은 사랑이며 현재보다 미래로 향한다. 사랑의 바탕은 마음이고 감정이다. 지성이나 논리로 보지 않고 사랑으로 감성으로 느낀다. 그러므로 마음의 대화와 영적인 교감이 가능하다. 언제나 열려 있으며 새로움을 받아들인다. 맺힘을 풀고 어둠을 광명으로 전환하는 것은 사랑의 힘으로써만 가능하다. 마음에 용기를 주고 위로를 베풀어 준다. 인생은 지식과 인식, 논리에 의해 좌우되는 게 아니고, 마음과 사랑에 의해 미래의 꿈을 안겨준다.

피천득의 수필들은 한국 서정의 계승과 함께 현대 감각을 살리고 있어서 신선감과 사랑을 받는다. 한국 서정 속에 전승돼오는 선비 의식, 청렴 의식, 풍류 의식을 이어오면서 시대감각에 떨어지지 않는 세련됨과 미의식을 살린 것이 피천득 서정 수필의 특징이다.

30년대 수필로서 정비석의 「산정무한」 김진섭의 「백설부」는 교과서에 실려서 널리 알려졌지만 시대감각이 떨어진 옛 문체는 오늘날에는 사용하지 않아 차츰 외면받고 있다. 피천득 선생의 「오월」 「엄마」 「가든파티」 「장난감」 등의 작품들은 오늘날 감각에도 조금도 뒤지지 않는 산뜻한 서정을 보여준다. 이런 특별한 감각과 미의식은 한국의 전통 서정에다 서양 수필의 감각, 시적인 문장에서 얻어진 것이다.

다. 고결한 인품의 담긴 문장

시. 소설, 희곡 등 픽션 문학은 상상을 토대로 있음직한 세계를 창조하는 것이라면, 수필은 사실을 토대로 상상과 느낌과 철학을 보태어 의미 있는 세계를 창조한다.

수필은 자신의 삶과 인생을 담아내는 문학이다. 따라서 인생 경지가 곧 문학의 바탕이 된다. 인생이란 악기가 좋아야만 좋은 곡을 연주할 수 있다. 인생이라는 종이 좋아야만 좋은 소리를 낼 수 있다. 수필에서 유독 인격이 요구되는 것도, 글을 쓰고 나서 책임을 요구받는 것도 이런 이치 때문이다. 인격에서 향기가 나야 문장에서 향기가 나기 마련이다.

인터넷 시대를 맞이하여 사람들은 말보다 글이 효율적인 소통 도구가 되고 있다. 인터넷에 소통되는 서간문, 일기문, 감상문, 기행문, 칼럼, 댓글 등 대부분이 수필 영역에 속한다. 인터넷 시대엔 모든 사람이 글을 쓰며 저술을 남기는 시대로 변모하고 있다. 수필 인구의 증가는 시대적인 추세이고 요구이다. 수필이 홍수를 이루고 많은 수필이 쏟아져 나오고 있음에도, 양적 평창에 비해 질적 성숙이 턱없이 뒤진다는 게 수필계가 안고 있는 고민이다. 천 편의 수필보다 한 편의 좋은 수필의 출현을 기다리고 있다. 그런데도 다른 문학 장르처럼 좋은 작가가 나오지 않는 이유는 좋은 인생이어야만 좋은 수필을 낼 수 있기 때문이다.

물질은 풍요하지만, 마음은 황폐하고, 지식은 넘치지만 지혜가 부족하고, 재주는 탁월하지만 인격이 부족하다. 교사는 많지만 스승을 찾아보기 어려운 세상이다. 결과적으로 좋은 인생과 인격을 가진 사람이 드물기에 좋은 수필을 만나기가 어려운 것이다.

> 수필은 청자연적이다. 수필은 난이요, 학이요, 청초하고 몸맵시 날렵한 여인이다.
> -「수필」의 서두

「수필」 서두의 '청자연적' '난' '학' '청초하고 몸맵시 날렵한 여인'은 수필에 대한 비유이지만, 인생에 대한 비유이기도 하다. 청자연적과 같은 인생, 난초 같은 인생, 학 같은 인생으로 살고 싶다는 뜻이 담겨 있다. 이런 바람과 지향은 인격 도야를 통해 '군자君子'의 삶을 살고자 한 선비 정신을 계승하고 있다. 인격에서 난향이 풍기고, 학처럼 고결한 모습을 견지하였기에 독자들은 사랑과 신뢰를 했다.

라. 순수하고 투명한 동심의 문장

피천득은 어린이를 좋아했다. 딸 서영이를 좋아한 나머지 서영이가 갖고 놀던 인형을 '난영이'란 이름을 붙이고 양딸로 삼은 이야기는 유명하다. 집에 온 방문자에게 방명록에 아이의 이름을 써주길 부탁했다. 97세로 타계할 때까지 주변엔 인형이 함께 있었다. 구순의 동심으로 순수 무구한 삶을 살았다. 딸 서영이를 좋아하여, 「서영이」「서영이와 난영이」란 작품을 쓰기도 하였다.

> 마당으로 뛰어 내려와 안고 들어갈 텐데 웬일인지 엄마의 얼굴은 보이지 않았다. '또 숨었구나!' 방문을 열어봐도 엄마가 없었다. '옳지 그럼 다락에 있지' 발판을 갖다 놓고 다락문을 열었으나 엄마는 거기에도 없었다.
> -「엄마」의 서두

순수무구하고 천진난만한 동심은 피천득 수필의 한 본령이다. 「엄마」「서영이와 난영이」이외에도 「장난감」 같은 작품에서 동심이 잘 드러나고 있으며 동심은 피천득 문장의 맑고 깨끗한 투명성의 바탕을 이루고 있다.

마. 여성적이며 유미주의적인 문장

피천득 수필은 여성적이고 유미주의唯美主義 경향이 있다. 예술로서의 문학이 근본적으로 미의 추구나 탐구와 닿아있지만, 피천득의 경우엔 유미주의 경향이 짙다는 인상을 준다.

한 줄의 문장을 쓰기 위해서라도 완벽성을 추구한다. 시적인 기법들을 구사하며, 소재 선택도 유미주의 요소가 있는 것을 즐겨 택한다. 금아 선생이 좋아하시는 소재를 열거해 보면 여성적이고 유미주의적인 성격을 짐작할 수 있다. '산호와 진주' '청자연적' '난' '학' '오월' '장미' '청초하고 몸맵시 날렵한 여인' '가든 파티' '비원' '멋' '나의 사랑하는 생활' '보스턴 심포니' '영원의 여상' 등이 있다.

> 여성의 미는 생생한 생명력에서 온다. 맑고 시원한
> 눈, 낭랑한 음성, 처녀다운 또는 처녀 같은 가벼운 걸

음걸이, 민활한 일솜씨, 생에 대한 희망과 환희, 건강한 여인이 발산하는 특히 젊은 여인이 풍기는 싱싱한 맛, 애정을 품고 있는 얼굴에 나타나는 윤기, 분석할 수 없는 생의 약동, 이런 것들이 여성의 미를 구성한다.

비너스의 조각보다는 이른 아침에 직장에 가는 영이가 더 아름답다. 종달새는 하늘을 솟아오를 때 가장 황홀하게 보인다. 그리고 종달새를 화려한 공작보다도 나는 좋아한다. 향상이 없는 행복을 생각할 수 없는 것 같이, 이상에 불타지 않는 미인을 상상할 수 없다. 양귀비나 클레오파트라는 요염하고 매혹적인 여인들이었다. 그러나 그들에게서 평화와 행복을 약속하는 건전한 미는 찾을 수 없었다. 그들은 마침내 나라를 기울어뜨리고 자신들을 망하게 했다. 참다운 여성의 미는 이른 봄 같은 맑고 맑은 생명력에서 오는 것이다.

-피천득 「여성의 미」 일부

피천득의 수필 세계가 아름답고 작은 것으로만 이루어진다고 할 때, 그것은 인생의 참값이 그러한 것들 속에만 있다는 편협한 주장을 두고 말하는 것이 아니다. 거기에 전제되어 있는 것은 평범한 사람에게 주어진 대로의 삶이 근본적으로 제약 속에 있는 삶이며 그런데도 불구하고 이 제약 속에서일망정 평범한 삶도 그 나름으로 보람 있는 삶이어야 한다는 의식이다. 즉, 그의 아름답고 작은 세계는 시대의 험악함에 도망해 가는 피난처가 아니라 너무나 험한 시대를 살아감에 절실히 요구되는, 강한 긍정에의 의지의 표현, 또는 적어도 그 표현의 한 방식이라 할 수 있다.

-김우창 「피천득론」 중에서

'여성'은 '물'과 같이 생명의 원천성으로 생각할 수 있다. 여성에게만 '자궁子宮'이란 생명궁전을 지닐 뿐 남성에겐 없는 것이다. 피천득은 '여성의 미'를 선천적인 것이고 자연과 닮은 천진난만한 것으로 보고 있다. 피천득의 수필이 독자들에게 사랑받는 이유 중의 하나는 아름다운 문장에 있으며, 여성적인 부드러움과 섬세함으로 세공된 보석 같이 빛나는 문장이라고 할 수 있다.

4. 나가며

피천득은 현대수필의 시발기에 한국수필이 지향할 방향과 경지를 작품을 통해 보여주었다. 교과서에 가장 많은 작품이 수록됨으로써 서정 수필의 전범이 되었으며 한국수필의 형성기에 큰 영향을 주었으며, 당대의 금자탑을 이룬 수필가라 할 수 있다. 이와 같은 성과는 문장의 아름다움과 완벽성, 시적이고 서정적인 표현, 깨끗하고 고결한 정신과 인격이 반영된 작품에서 얻어진 것이다. 또한 삶을 통한 언행일치言行一致에서 오는 감동으로 국민적인 사랑을 받았다. 후대가 영원히 기억할 수필가이다.

〈참고 문헌〉
*피천득 문학 전집(전 4권, 2007, 샘터사)
*피천득의 수필 세계를 음미하는 어려움(원형갑, 1996, '수필문학' 8월호)
*피천득의 수필 만상(임헌영, 2004, '현대수필' 여름호)
*피천득 선생 '수필'이 보인 전범과 경지(정목일, 2004, '현대수필' 여름호)
*수필의 금자탑, 피천득의 삶과 문학(정목일, 2010, '출판저널' 3월호)
*금아 피천득의 자취와 수필 세계(오차숙, 2008, '수필학' 제16집)

미래 수필의 모습과 방향

1. 미래의 삶과 문학의 전망

인류의 역사는 커뮤니케이션의 역사다. 컴퓨터 인터넷 등으로 커뮤니케이션의 수단이 급변하는 정보화 시대엔 이 사실이 더욱 분명해진다. 커뮤니케이션이 변하면 인류의 삶이 변한다. 정치 경제가 변하고 문학과 예술도 예외일 수 없다.

누구에게나 필요한 수많은 정보 수집, 전달 및 교환이 전화, 팩스, TV, 컴퓨터 등의 인공적 공간 속에서 이루어지고 있다. 현재 세계 어디서나 경쟁적으로 추구하는 가장 중요한 가치는 물질적 부의 축적과 과학 기술의 발명과 습득이다. 이런 경쟁적 상황에서 생산 수단과 직접적으로 관련 없는 문학을 즐길 수 있는 여유를 갖는다는 것은 쉬운 일이 아니다.

앨빈 캐넌은 『문학의 죽음』에서 인쇄 문화에서 전자 문화로의 변화가 문학의 위기를 가져왔다고 말한다. 텔레비전, 컴퓨터, 영화 등이 오락과 지식의 원천으로 세력을 확장해 나가고 있는 상황에서 문학이 주도적 예술이라고 고집할 수는 없다. 문학의 위기, 아니 문학 해체는 시대의 물결로 다가오고 있다. 미국의 경우 1년에 책을 한 권도 읽지 않는 성년이 늘어나고 문학청년도 줄어든다. 저자는 이러한 대세를 거스를 수 없다고 말한다. 고전적 의미의 문학에 대한 신뢰는 붕괴했다는 것이다. 포스트모더니즘 해체주의 문학 등이 바로 문학 속의 권위를 해체하기 위한 것이라고 설명한다. 저자는 언어 자체에 대한 믿음은 끝까지 버리지 않았다. 설사 문학이 죽어도 문학 행위는 살아남는다는 것이다. 즉 인쇄 매체에 철저히 의존하는 문학의 낡은 권위를 해체하고 문학의 새로운 사회적 역할을 부여해야 한다고 지적한다. 여기에 아직까지 태어나지 않았던 새로운 문학의 탄생이 기대되는 것이다.

문학은 삶의 거울이며 인간을 인간으로서 이해하는 가장 중요한 방법이기도 하다. 미래의 문학을 예측하기 위해서는 미래의 삶을 생각해 보지 않을 수 없다. 21세기의 화두는 환경이다. 20세기 말의 경험은 지구 환경을 무시한 경제적 효율성이 더 이상 미래의 지배적 가치가 될 수 없다는 것을 가르쳐 주었다. 어떻게 지구와 더불어 쾌적한 환경에서 살 것인가, 이것이 21세기의 과제다.

인터넷은 세계를 수평으로 연결시켜 새로운 아이디어와 지혜를 지체 없이 상호 교환하게 함으로써 세상을 순식간에 변화시킨다. 인터넷을 이용하면 누구라도 자기의 작품을 발표할 수 있다. 독자는 전 세계인들이다.

사람들마다 차별성을 지닌 시·공간이 텔레비전이나 PC를 통해 전 지구촌에서 함께 공유하는 동시성으로 변하고 말았다. 이 때문에 인간이 기계나 정보 통신망에 의해 통제되고 획일성적인 삶을 살게 되는 모순에 직면하고 되었다.

21C 영상 시대를 맞아 이런 시대적 상황을 예견하면서 어떤 수필을 써야 될 것인가 하는 것은 윤곽이 드러나고 있다.

1) 자연 파괴, 생명 파괴를 막기 위한 자연 회복, 생명 회복

이 중요한 테마가 될 것이다.
2) 환경오염과 공해문제가 나날이 심각해질 것이므로 이에 대한 경각심과 해결책 등의 문제가 부각될 것이다.
3) 영상매체 영향으로 조직화, 획일화, 일반화, 집단화, 표준화, 대중화 추세에 따라 인간의 고독과 소외를 다룬 작품이 많아질 것이다.
4) 인간과 자연의 조화를 통한 새 환경을 조성하려는 작품들, 예컨대 생태계 관찰, 환경도시, 인공녹지, 자연하천 살리기, 휴식 공간 등을 다룬 작품이 호응을 얻을 것이다.
5) 세계화 추세에 맞서 한국적인 전통, 정서와 이미지를 추구한 작품들이 눈길을 끌 것이다.
6) 인간적인 정보화 사회가 추구될 것이다.
 정보통신 시대에 있어선 탈인간성이 드러남에 따라 인간애, 인간주의, 인간적인 사회를 위한 삶과 방법을 다룬 작품이 많아질 것이다.
7) 과학, 초경험, 가상세계의 신비 등을 테마로 한 수필이 등장할 것이다. 미래의 수필을 비롯한 문학의 소재 및 테마는 무한성을 띨 것이며 과학세계의 수용과 개인이

일상적으로 경험할 수 없는 초경험, 가상 세계를 영상을 통해 간접 경험할 수 있게 되어, 이런 내용의 작품들이 나타날 것이다.
8) '느낌'과 '상황'이 중시될 것이다. 시간 개념이 모호해짐에 따라 과거, 현재, 미래의 구분성이 애매해지므로 현재의 상황과 느낌을 다룬 작품이 많아질 것이다.

2. 미래 수필의 형태와 그 전망

미래 문학은 어떤 모습으로 변할까.

작가[문인]와 독자의 관계가 명백하게 구분되지 않을 것이다. 모든 사람이 인터넷을 통해 의사전달과 감정을 표현하는 시대엔 모든 사람이 작가인 동시에 독자가 될 수가 있다.

오늘처럼 '신춘문예'라든지 문인 추천 제도 같은 형식은 퇴색되거나 무용지물이 될 것이다.

인쇄 매체가 존립하기 위해 영상매체와의 상호보완의 모색과 조화를 보여줄 것이다. 모든 예술 장르가 영상 시대에 맞는 존립 방법을 모색하지 않을 수 없게 되었다. 미술 장르가 전시장에서 관람자를 기다리던 정적이고 수동적인 모습에서 탈피하여 대중 속으로 직접 뛰어들어 함께 생각하고 느끼도록 능동적인 방식을 취하고 있음을 보여주고 있다.

미술 장르가 시각視角에만 의존했던 것과는 달리, 미술과 사진, 미술과 영화, 미술과 음악, 미술과 문학, 미술과 과학, 미술과 연극 등의 형태로 결합해 새로운 미술 형태와 존립의 방법을 보여주고 있는 데서 문학의 방향 모색에도 단서를 제공해 주고 있다.

영상 시대에 살아남기 위해서는 미술과 마찬가지로 활자라는 시각에만 의존하는 방법에서 벗어나 문학과 음악, 문학과 연극, 문학과 미술, 문학과 무용, 문학과 과학 등으로 새로운 변모를 시도하지 않을 수 없다.

수필 장르는 포토 에세이, 음악 에세이, 영상 에세이가 대중화되고 작가가 직접 낭송하여 들려주는 장면을 영상화한 CD롬이 나오고 작품의 내용에 따라 전체 또는 일부가 영상화되고 자막 혹은 목소리로 전달되는 체계가 될 것으로 보인다.

또한 문학 장르 속에서도 시와 수필, 소설과 수필, 동화와 수필, 평론과 수필이 적절히 조화를 이룬 형태의 수필들이 나타날 것이고 수필은 시대에 걸맞은 감각, 적당한 양률, 타 장르와의 결합 및 수용력 등으로 미래문학의 중추적 문학 장르가 되고, 가장 대중적이고 사랑받는 문학이 될 것으로 전망된다.

3. 미래수필의 방향

1) 참신성
  영상 시대는 보편성, 일시성, 표준성을 띠게 되므로 평범한 소재는 눈길을 끌기가 어렵다. 참신성이 더욱 돋보이게 될 것이다.
2) 독자성
  독자적인 주제의 개척과 작품성의 확보가 요청된다.
3) 전문성
  전문적인 깊이와 탐구 세계가 필요하다.
4) 흥미성
  영상매체 시대엔 흥미성이 독자와 대면할 수 있는 관건이 될 것이다.

5) 개성

작가만의 독특한 색깔, 서정, 관습, 시각, 상상력, 문체 등이 요구된다.

6) 실험성

타 장르와 결합한 새로운 형태, 시·소설·평론·동화의 기법 수용, 분량 조절, 허구 수용, 1인칭 시점이 아닌 3인칭 시점의 사용 등 실험성적 작품이 등장할 것이다.

7) 영상성

영상 시대인 만큼 동적, 음악적인 요소가 두드러지는 등 영상화에 적응하는 작품이 많아질 것이다.

4. 미래 수필의 테마와 소재

미래는 영상매체를 통해 누구나 의사전달의 방법으로 글을 쓰는 시대이므로 엄밀히 '수필가'가 존재할지 의문이다.

이미 수필은 특정인들을 위한 장르가 아니고, 생활인과 지성인 전체를 포함한 만인의 것으로 차츰 대중화 추세에 있다.

그런 만큼 수필가는 자신의 영역을 확보하기 위해서는 앞서 언급한 것처럼 독자성, 전문성, 흥미성, 개성의 개척과 확보로 독자들의 기대에 부응할 수 있는 수필을 써야 할 것이다. 일반인들의 글에서 볼 수 없는 차별성이야말로 수필가가 지녀야 할 무기이다. 또한 수필가는 '영상 시대'라는 새로운 문명 시대를 맞아 이 시대가 요청하는 인간다운 삶과 공동체 사회의 구현, 시대에 부응하는 도덕, 가치관, 미에 대한 삶의 해석과 방향 제시를 통해 영상 시대를 이끌어가는 정신적 역할과 기대를 안고 있다.

작가는 오로지 작품으로 말할 뿐이다.

가. 퓨전수필

수필은 영상 정보화 시대, 변화의 시대의 삶을 어떻게 수용할 것인가? 20세기 영상 정보 시대의 문학 형태는 인쇄 매체로서의 틀에서 벗어나 대중과 영합하려는 시도와 몸부림을 생존적인 차원에서 보일 것이 분명하다. 따라서 퓨전fusion 수필이 활발하게 전개될 것으로 본다.

좋은 하나의 예를 미술에서 찾아볼 수 있다. 실내 공간에 회화, 조각품을 전시해 놓고 관객들을 기다리던 소극적인 입장에서 벗어나 이젠 대중들을 찾아 나서는 적극적인 자세를 보인다. 종전의 평면적이고 실내 전시에 국한했던 권위적 자세에서 벗어나 대중들 속으로 전시 공간을 확대하고 있다.

또한 미술 행위는 종래의 '그린다' '붙인다' '긁는다' '뿌린다' 등의 표현 기법에서 벗어나 움직이고, 소리치고, 체험하게 하는 동적인 형태까지를 수용하는 다양성을 취하고 있다. 표현 기법의 다양성뿐만 아니고, 미술과 다른 예술 장르와의 통합을 통해 새로운 시도를 보여주고 있다.

미술+문학, 미술+영화, 미술+음악, 미술+사진, 미술+건축 등이 이뤄지고 있으며 2개 이상의 타 장르와의 결합 형태도 있다. 이벤트 미술, 설치미술이라 불리는 이런 새로운 미술 장르는 꾸준히 그 영역을 넓혀 가고 있으며 시청각성을 살리고 있어 영상 시대 예술로서의 가치를 추구한다.

권위적이고 정적인 미술이 어떻게 이런 변모를 보이는가? 이것은 생존을 위한 시대적 변화의 필요성 때문이라고 생각된다.

문학의 경우에도 인쇄 매체만을 고집할 시대가 아님을

인식하지 않으면 안 된다. 따라서 시, 소설, 수필, 희곡이 고전적 형식의 틀에서 벗어나지 않고서는 영상 시대의 대중과 만남 자체가 용이하지 않다.

미래엔 보다 문학 장르 간의 통합이 활발하게 이뤄질 것으로 전망된다. 예컨대, 시+소설, 시+수필, 시+수필, 시+희곡, 소설+수필, 시+소설+수필 등을 생각할 수 있다.

문학 장르 간 2~3개의 통합이 이뤄질 때, 수필의 역할이 증대할 것으로 예측된다. 시, 소설, 희곡의 경우는 일정한 형식과 구성의 엄격한 적용을 받지만, 수필의 경우는 자유스러운 형식의 문학이다. 수필은 문학 장르 간 결합에 있어서 가장 자연스럽고 효과적인 장르로 활용될 수 있을 것이다. 따라서 수필은 문학 장르 간의 통합을 주도할 것이며. 형식과 구성의 다양성과 개방성으로 새로운 문학 장르를 여는 촉진제가 될 수 있을 것이다. 21세기 영상 시대에 문학이 생존하기 위해서는 인쇄 매체의 시각화뿐만 아니라, 영상화를 수용하지 않을 수 없다.

또한 미술 장르의 변화에서 보듯이 타 예술 장르와의 결합 형태를 생각하지 않을 수 없다. 수필에 있어선 이미 미술 수필, 음악 수필, 건축 수필, 영화 수필, 사진 수필 등이 시도되고 있고, 타 예술 장르와의 결합을 이끌어 내고 있다. 그런 점에서 음악+문학, 미술+문학, 미술+영화, 미술+사진, 무용+문학의 결합을 상정해 볼 때, 시나 소설보다 그 중간 형태를 취하고 있는 수필 쪽이 효용성 다양성 개방성이 있어서 유용하리라는 판단에 이르게 된다. 따라서 앞으로 퓨전 수필이 대두될 것으로 전망된다.

나. 5매 수필

'장편掌篇'이란 '극히 짧은'이란 뜻이다. 단편 소설보다 짧은 장편 소설은 있었지만 장편掌篇 수필의 대두는 근래의 일이다. 윤오영의 '달밤'이나 피천득의 '오월'은 5매 내외로써 장편 수필이라 할 수 있다. 그러나, 이를 두고 군이 '장편 수필'이란 말을 하지 않았다.

〈수필과비평〉지는 2001년부터 장편 수필을 기획하여 1년이 넘게 게재함으로써 처음으로 장편 수필의 전개를 보여주었다. 장편 수필의 대두에 대하여 문단의 구체적인 반응으로써 〈월간문학〉지 출신 수필가들의 모임인 '대표에세이문학회'에서 2002년도 연간집을 '5매 수필'로 하기로

결의하고, 세미나의 주제를 '5매 수필의 개척과 방향'으로 잡은 것이 본격적인 논의의 시초이다.

대표에세이문학회에서는 '장편掌篇'이란 단어가 추상적이기 때문에 분량에 대한 구체적인 명시가 필요하다는 의견에 따라, 5매 내외가 적당하다는 합의를 도출하였다. 따라서 '장편 수필'이란 애매한 개념 대신에 명확한 개념인 '5매 수필'이란 말을 붙이기로 했다.

'수필과비평'지의 장편 수필의 게재와 대표에세이문학회의 5매 수필 연간집 발간은 본격적인 장편 수필의 전개를 보여주는 일이 아닐 수 없다.

짧은 수필의 요구는 '속도'를 가치화하는 시대적 추세 속에서 파악해야 할 것으로 본다. 독서의 경향을 보더라도 대하소설이나 장편 소설이 차츰 퇴조하는 양상을 보이는 반면, 만화나 간단한 읽을거리, 짧은 분량의 글을 선호하는 양상이 두드러지게 나타나고 있다. 시간 절약의 경제성이 스피드한 생활을 영위하는 현대인들의 삶과 부응하는 면이 있으며, 5매 내외의 분량은 전철이나 여행 중에서도 시간적 공간적인 제약을 받지 않는다는 것이 장점이 아닐 수 없다. 짧은 글 속에 함축된 심오한 사상과 값진 체험,

인생의 발견과 의미를 받아들일 수 있다는 것이 5매 수필의 매력이다. 5매 내외의 글은 독자들에게 눈의 피로나 마음의 부담을 주지 않기 때문에 열독성이 있고 경쾌감을 주기 마련이다. 실제로 신문을 볼 경우에도 뉴스벨류에 따라 톱뉴스의 제목과 부제에서부터 시작하여 필요하다면 본문을 읽어 가는 방식이 신문 읽기의 통례이다. 간결과 축약을 바라고 있다. 이는 모든 면에서 경제성을 요구하는 현대인의 생활과 밀접한 연관이 있다. 이런 요인들이 수필의 분량을 더욱 짧게 요청하는 하나의 경향을 이루고, '5매 수필'이 전개되고 있다.

다. 기행 수필

근래에 기행 수필이 많이 발표되고 있다. 해외 여행의 증가 현상을 반영하는 것이라 하겠다.

여행할 때는 여행하지 않을 때보다 시간이 가득한 느낌이 든다. 한순간에 많은 것을 체험할 수 있기 때문이다.

우리는 새로운 체험의 수용방법으로 '여행'을 들지 않을 수 없다. 여행은 미지에 대한 기대와 흥분, 새로운 세계의 발견과 깨달음 등 직접적인 체험을 통해 인생을 총체적으로 생각해 보게 하는 좋은 계기를 마련해 준다.

삶에 새로운 자극과 활력소를 제공하며 안목을 높여준다. 기행 수필의 진가는 일과성적 체험을 통하여 영원을 수용하며, 동·서 문화, 과거와 현재, 삶과 죽음, 찰나와 영원, 인간과 환경을 동시에 살필 수 있어 미래의 삶에 큰 도움을 줄 수 있다는 점이다. 어떤 체험일지라도 글로써 기록하지 않으면 망각 속으로 사라지고 만다.

기행 수필은 독자들에게 삶의 양식, 방법, 문화, 제도, 풍물에 대한 인식, 다양성, 충동, 창의성을 경험하게 한다. 또한 기행문은 작가의 세상과 인생을 보는 관점, 발견법 그리고 해석법을 보여 주며 적나라하게 자신을 노출한다.

기행 수필은 인생의 안목과 체험 공간을 최대한 확대해 준다는 점에서 좋은 기행 수필은 독자들에게 신선함과 즐거움을 안겨준다.

앞으로 삶의 질質을 높이고 체험공간의 확대를 위해서 기행 수필이 늘어날 것이고 점차 수필 장르의 한 축을 이루면서 수필문학의 활로를 열 것으로 기대된다.

그러나 오늘날 국내에 발표되고 있는 대부분의 기행 수

필들은 '본 대로 느낀 대로'의 주마간산走馬看山식 겉 훑기에 불과한 글들이 많고 내면을 투시한 깊이 있는 기행 수필을 찾기란 매우 어려운 실정이다. 또한 여행안내 수준의 상식성에 그친 기행문이 많다는 것도 지적하지 않을 수 없다.

근래에 발표되고 있는 기행 수필들을 살펴 보면 여행 안내서나 안내자의 설명에 의존한 부분이 많고, 단편적인 감상과 지식을 혼합시킨 게 대부분이어서 감흥을 일으키는 글을 찾기가 어렵다. 우리나라에 소개된 작품으로 기행 수필의 진수를 보여준 것으로 폴 브린튼의 『인도 명상 기행』 『이집트의 신비』를 비롯하여 알베르 카뮈의 『안과 겉』, 장 그르니에의 『섬이 고독한 이유』를 들고 싶다.

국내에서 베스트셀러가 된 유홍준 교수의 『나의 문화유산 답사기』를 비롯한 문화답사기 등은 문화유적과 문화재에 대한 안내 성격에서 크게 벗어나지 않으며 작가의 깊은 체험과 명상을 느낄 수 없다는 것이 아쉬운 점이다.

라. 테마수필

앞으로는 테마수필의 전개가 활발해질 것으로 전망된다.

신변잡사의 나열, 평범한 생활기와 감상 등은 개성과 참신성을 얻지 못해 독자들의 관심을 끌지 못할 것이다. 따라서, 독자적인 주제와 소재를 통해 전문 수필가로서의 면모를 부각하는 것이 필요하다. 따라서 수필가는 더 전문적이고 독자적인 세계와 관점을 가져야 할 것이고 평생 탐구할 수 있는 테마를 설정하는 것이 중요하다. 일관성 있는 테마를 갖는 것이 당면한 과제가 아닐 수 없다.

테마 수필이 정착되어야 수필문학의 새 시대를 구가할 수 있을 것이다.

마. 명상 수필

한국 수필은 서정 수필의 전개가 주류를 이루고 있다. 개인의 체험을 바탕으로 서정성을 드러내고 있음이 특징이다. 한국 수필의 다양성을 위해서라도 논리적인 수필과 함께 명상 수필의 전개가 요구된다. 개인사적인 체험만의 기록에 그치지 않고, 인생론을 곁들인 수필이라든지, 명상 수필의 전개를 통해 한국 수필의 폭을 확충해 나가야 한다.

5. 미래 수필의 예측과 수필가의 길

현대는 고학력 시대이며, 모든 사람이 인터넷과 휴대폰을 통해 의사 소통과 정보 교환을 하고 있다. '글쓰기'는 문인들과 학자들만의 전유물이 아닌 모든 사람의 필수품이 되고 있다. 현대인들은 삶과 인생을 어떤 형식으로든 기록으로 남기려 한다. 한시적인 삶을 살 뿐인 인간의 유일한 영원 장치는 '기록'뿐임을 알기 때문이다. 그런 까닭으로 미래는 수필 시대가 될 것으로 전망한다.

미래에는 '문인' '수필가'가 따로 존립하는 게 아니고 모든 사람이 글을 쓰며 기록하는 시대가 될 것이다. 모든 사람이 글 쓰는 시대에 '수필'의 생존 방식은 무엇일까. 미래에 전개될 수필 시대를 앞두고 수필가들이 고민해야 할 것은 모든 사람이 쓰는 수필과의 변별력과 차별성을 어떻게 가지느냐에 달려 있다. 수필 쓰기는 자신의 체험 기록만으로 그쳐선 안 된다. 수필은 체험을 통한 인생의 발견과 의미를 꽃피워내는 작업이다. 좋은 수필을 쓰기 위한 전제는 문장력에 있는 게 아니다. 좋은 수필이란 좋은 인생의 반영이므로, 끊임없는 인생 연마가 필요하다. 아무리 시간이 변하더라도 인생살이를 통해 감동을 주는 요소는 크게 변하지 않을 것이다. 21세기는 고학력 시대, 과학 시대, 장수 시대, 영상 시대, 고속 시대로의 전개가 진행되고 있다.

문학에서도 자신이 살고 있는 국가나 지역만의 삶과 문제만이 아닌 세계인이 공감하는 메시지를 전할 수 있어야 한다. 체험과 안목을 확대하여야 한다. 아무리 세계화 시대라 할지라도 자신만의 고유한 개성과 특징을 어떻게 살려가느냐 하는 것도 작가의 고민이 아닐 수 없다.

수필과 산책
정목일 지음

발행일 2020년 6월 30일 초판 1쇄

지은이	정목일
펴낸이	정연순
펴낸곳	나무향
주　소	서울 광진구 자양로 28길 34, 드림스페이스 501호
전　화	02-458-2815, 010-2337-2815
팩　스	02-457-2815
메　일	namuhyang2815@hanmail.net
저작권자	ⓒ2020 정목일
출판등록	제2017-000052호

가격 13,000원
ISBN 979-11-89052-16-4　03810

잘못 인쇄된 책은 바꾸어 드립니다
이 책은 저작권법에 따라 보호를 받는 저작물이므로 무단 전재와 복재를 금합니다

이 도서의 국립중앙도서관 출판예정도서목록(CIP)은 서지정보유통지원시스템
홈페이지(http://seoji.nl.go.kr)와 국가자료종합목록 구축시스템(http://kolis-net.nl.go.kr)에서
이용하실 수 있습니다.
(CIP제어번호 : CIP2020001845)